suncolor
三采文化

找回愛與尊重的
自尊課

自我療癒心理專家 蘇絢慧—著

擁有安穩的自尊，安心成為自己，
在關係裡自由自在

自我檢測

我有低自尊人格嗎？

本書的一開始，我邀請你先進行一個測驗。

這是一個關於「自尊」狀態的測驗。**「自尊」所代表的意涵，包括：對自己的喜愛及尊重程度、自我的價值感，自我接納及自我滿意程度……等**。

現在，讓我們透過一些問題，了解你目前的自尊狀態：你覺得自己夠不夠好？喜歡自己的程度有多少？

請你保持放鬆的心，以直覺的反應選擇答案。這些問題需要你透過積極地想像來融入情境。當你準備好了，請開始作答，並記錄下每一題的答案。

你也可以透過有網路的裝置掃描下方的 QR Code，連結到線上測驗作答。讓你可以立即獲知結果，並看見自己目前自尊狀態的解析。

自尊檢測

測驗開始

1. 如果你到一個地方渡假，將會住上一晚，你會住在什麼樣的建築物？

A. 城堡。
B. 民宅。
C. 花園別墅。

2. 在這屋裡有一面鏡子，你走近鏡子一看，鏡中的自己看起來怎麼樣？

A. 心中渴望已久的英俊或漂亮的容貌和身材。
B. 憔悴的倦容。
C. 平常的樣子，沒有什麼特別的。

3. 在屋子中間，有張桌子，桌上放了一件物品，你覺得是什麼？

A. 宴會的請柬。
B. 屋子的主人需要你注意的事項清單。
C. 一本小說。

4. 屋裡有一隻被馴養的動物，你覺得那是什麼動物？

A. 一隻老虎。
B. 一隻小狗。
C. 一隻貓。

5. 忽然間，門外有人敲門，你覺得是誰來了？

A. 送禮品來的僕人。

B. 一個來向你求助的人。

C. 愛人。

6. 當你望向窗外，見到什麼樣的景象？

A. 豔陽高照。

B. 綿綿細雨。

C. 雨後彩虹。

7. 這時，你想坐著休息，你所坐的那把椅子是什麼樣子？

A. 一把豪華高貴的椅子。

B. 一把舒適的躺椅。

C. 一把量身訂做的個人功能椅。

8. 屋裡養了一隻鸚鵡，你覺得牠會對你說什麼話？

A. 你好棒！

B. 你好嗎？

C. 哈囉！我是小鵡。

9. 後來，發現屋裡漏水了，你會如何反應？

A. 竟然讓我住這樣的爛房間！

B. 我真倒霉，都會遇到這種事。

C. 這屋子的主人在哪裡，他是否沒發現漏水了？

10. 你將會在屋裡享用一頓晚餐，你覺得會吃到什麼樣的料理？

A. 豐富豪華的特殊料理。

B. 當地的家常菜。

C. 簡單的輕食。

太棒了！你完成了測驗，現在請翻到下一頁，有清楚的計分方法，以及你想知道的結果與解答。

自尊型態檢測結果

現在為你解說自我檢測的計分方式。

當你作答時，若那題答案是選A，請計1分；若是選B，請計0分；若是選C，請計2分。總共有10題分數，請加總計分後，從表格對照總分，可得出你的自尊型態與低自尊指數，分析如下：

高自尊 ←→ 低自尊

總分	低自尊指數	自尊型態	解析
17～20分	★	穩定的高自尊	你喜歡且滿意現在的自己。
12～16分	★★	發展中的高自尊	你總能調整自己，克服挫折。
7～11分	★★★	不穩定的高自尊	你對自己不是很滿意，亟需他人的肯定。
2～6分	★★★★	不穩定的低自尊	你覺得自己不夠好，很想把自己砍掉重練。
0～1分	★★★★★	穩定的低自尊	你對自己的存在和生活漠不關心。

17～20分 穩定的高自尊

低自尊指數★——你喜歡且滿意現在的自己

你對自己有穩定的觀感，不太會受到他人的影響。你喜歡現在的自己，樂於接受自己的真實感受和想法，不會為了迎合他人，刻意討好或表現。

你相信生命存在即有價值，因此不會以位階頭銜和地位去評價別人及自己。當你開心時，你會享受和接受這份開心，當你難過或沮喪，你會知道這只是一個過程，而不會過度打擊自己。

你喜歡的關係是彼此間相互尊重，既能親近又能自在。你也喜歡和別人分享交流，能夠以開放心胸去聆聽別人的觀點及意見，但不會因此就改變自己原本的立場或觀點，而會試著與對方討論及溝通，交換意見。

遇到挫敗的時候，你會感到難過或失落，但不會延宕太久。在你經過足夠的沉澱過後，總能知道自己下一步要從哪裡再出發，所以生活中，你很少會感到受困其中。現在的你相當幸福，對自己的喜愛很堅定，也很滿意生活現況。

12～16分 發展中的高自尊

低自尊指數★★——你總能調整自己，克服挫折

大部分時候，你很喜歡現在的自己，不論面對生活、選擇的工作及朋友圈，你都能投入其中，並維持良好的互動關係。

不過少部分時候，你會因為一些事務不如預期，或是當關係遇到瓶頸時，感到自我懷疑。但是這樣的情況不會持續太久，你總能找到方式調整自己，克服那些挫折的感覺。

在進行自己不擅長的事務時，你能誠懇求問，並相信別人會協助你，這是你很棒的優勢，願意向別人討教，並虛心學習。

你不會迷失在盲目的掌聲中，或追求人們所認定的價值標準，你知道自己適合什麼、擅長什麼，並能找到自己得心應手的專長領域。只是你對自己的認識和了解，還需要再多一點肯定，多一點自我認同。整體而言，你對自己的喜愛和接納度，正穩定地持續成長中。

7～11分 不穩定的高自尊

低自尊指數★★★──你對自己不是很滿意，亟需他人的肯定

你目前對自己的狀態不是很滿意，亟需他人的肯定。你會想否認「自己不夠好」的感覺，趕快透過一些成功及目標的達成，來證明自己的能力和價值。但即使你已有一些成就或成績，也會害怕被人比過去，或心裡不夠踏實。

你不喜歡「自己沒能力」的自我觀感，會特別恐懼自己不如別人優秀及厲害，因此你總是想著，如何可以致勝，如何可以獲得肯定，達成更多的目標。

你的自尊，是以自己擁有什麼外在條件，和外界眼光如何看待自己所建構而成，因此時好時壞，時有時無，很不穩定。

在感覺自己很行的時候，你覺得整個世界充滿希望及無限可能，但只要你沒有得到期待的成果，就會掉入情緒深淵，感到萬分挫敗。然而，你不想接受這種「自己不夠好」的感受，所以不會讓人看見你的不足及弱點，會盡力掩藏好，並讓人覺得你是很棒的、有能力的，因此難免會為了維護某些形象和包裝，撐得很辛苦。

2～6分 不穩定的低自尊

低自尊指數★★★★——你覺得自己不夠好，很想把自己砍掉重練

你目前的自尊，屬於非常低落的狀態。你內心常常覺得自己不夠好，很想把自己砍掉重練。當你看自己時，總可以看出許多缺點及不好的地方。

你很害怕不被人喜歡及令人失望的感覺，那會令你覺得自己很沒有價值。生活中，你最常出現的反應，就是懷疑自己，或是羨慕別人擁有許多才華和條件，讓他們想擁有什麼就有什麼。

如果遇到事情不順利時，你會立刻感覺自己很差勁，對自己感到厭惡及慌張，認為自己沒有能力和本事，無法得到他人重視及肯定。

由於你的自尊目前處於低落狀態，因此，會比較容易把別人的評價收進心裡，進而加深對自己的批判和否定。所以，你需要增進自我肯定的能力，並相信自己的價值。

當你不知道怎麼處理自己的負面情緒時，你就會當機，心生猶豫及無力感，不知道該怎麼進行下一步，因此常會面臨被困住或卡關的感覺。

你可以開始試著接納自己的狀態，多多以溫和的鼓勵去安撫和調適自己。對自己寬容及仁慈，才能讓破損的自我開始修復。

0～1分 穩定的低自尊

低自尊指數★★★★★——你對自己的存在和生活漠不關心

你很少關切自己的感覺，對自己的存在感漠不關心，也不會有任何想要改變自己的念頭。

生活，對你來說，就是一場必須要經歷的歲月，自己所遇到的生活情境，無論成功、舒適、快活、享受，你從來都不關注，也不在意。

若遇到比較困難或辛苦的情況，你也不會多加留意自己的感受。因為對你而言，該發生的就會發生，沒有什麼好抗議或爭取的。因此，你對自我向來沒有感覺，也沒有所謂的喜不喜歡自己，你的自我可能是空洞的，或是你對「自我」還未開始形成任何覺察及挑戰。

目錄
CONTENT

Chapter 2

愛與不愛，都害怕受傷害

低自尊者的情感困境

Chapter 3 原來不幸都是我們主動選擇的？

低自尊的成因

Chapter 4

超越低自尊 不卑不亢，活出不被外界影響的人生

作者序

你是否常覺得自己不夠好？

你是否時常覺得自己不夠好？不自覺地害怕自己的不夠好會被人識破？或是有種抑制不住的自卑感，覺得不論怎麼看自己，都是比別人差，看不見自己身上有任何優點，值得被自己和別人喜歡？

你是否時常在環境中搜尋別人認同的眼神或贊同的語句，如果沒有別人的附和及同意，幾乎無法肯定自己的想法或意見是沒問題的？甚至，你是否時常有一種以自己為恥的感覺？

你是否不喜歡內心空虛的感覺？特別害怕被別人覺得自己沒有本事、沒有價值，因而不受重視及喜歡，那會讓你覺得自己好丟臉，好希望自己消失，所以你總是拚命想表現好、表現完美，以此證明自己是夠好的，是值得存在及被肯定的。

然而，不論你如何努力再努力，你總是陷落在一種強迫式的循環：覺得自己不夠好，要自己更努力，努力後還是覺得自己不夠好，因此更低落沮喪，更加覺得自己不夠好……

或是出現另一種極端的表現，不停地炫耀自己身上有的行頭或是物質條件，以掩藏你內心感覺不到自己存在價值、重要性的空虛感及慌張？

若是你有出現以上這些現象，並開始意識到這已成為你生活中的困擾，使你每日活得心神不寧，不僅時不時出現疲憊厭煩、低落沮喪的心情，更讓你在人群裡，常常恐慌及焦慮，無法感受到與群體相處時的連結及融合感，那麼，你可能正面臨：「低自尊障礙」。

處於低自尊障礙的人，內心往往是渴求高自尊的，渴望自己值得被愛與被尊重的感受和評價，但他的行為反應和情緒表現卻因為低自尊的障礙而時常不穩定，不但為自己的生活引發許多困擾，也讓人際關係產生若即若離的不安全感。因此，即使想獲得穩定的高自尊，實際上，卻反而造成無法提升自尊的情況，也就難以發展出穩健的高自尊。於是，想要穩定地認同自己是值得被愛與被尊重的個體，就變得難上加難。

這本書除了帶你認識及了解「低自尊」如何影響一個個體的存在，我們也會從低自尊的行為反應特徵，探討職場的困境，以及從情感的反應特徵，探討關係中容易出現的困擾及問題。最重要的是，希望以系統化的方式讓你學會辨識及意識自己的生活問題，是否來自低自尊的影響，以致使你在建立穩定高自尊的過程，出現了不少困難及障礙。

自尊，並非固態，它會隨著生活的狀態是否有成就感、能力感、自愛感及價值感而變化，高低起伏、上下流動。

雖說如此，倘若我們無論遇到順境或逆境，都能維持穩定的自我觀感，相信自己是值得愛及尊重的人，那麼，我們的內在還是可以維持在一個波動較少，較能隨情境彈性適度調節、安然自在的狀態。

如果，我們擁有安穩的自尊，即使遇到挫敗或失落，內心所受到的衝撞力和破壞性，也會較低自尊時減緩很多，更大幅降低自我破碎、心理受損的危及程度。

自尊，是可以建立，也可以學習修復的。你可能從一個完全不喜愛及不懂尊重自己的人，因為開始願意逐步建立自尊、維護自尊及修復自尊，慢慢地像儲蓄一樣，讓你的自尊實力堅強、豐盈富足，不再覺得自己是渴求愛與尊重的乞丐，總是向外乞討認同及喜愛。也不需要強迫自己打腫臉充胖子，假裝自己過得很好。

當你擁有一份安穩實在的高自尊，就能了解如何成為一個真正愛及尊重自己的人。

我們的社會時常把「高自尊」誤解為「自我感覺良好」、「自大自負」或是「自尊心好強」……等等偏向負面觀感的解釋，然而，高自尊並不是如此，而是對於自己的喜愛及尊重都能如實發揮，也更懂得對自己滿意。

但只有高自尊卻不穩定的話，那麼你可以想像得到，一個人的內在狀態，會因為那些對自己的看法觀點及感受的變化，而常上下起伏、忽好忽壞，無法處於一個安穩且富有能量（正向情感資源）的狀態，那麼，他仍會在遇到挫折、打擊、不如意及失落的時候，瞬間跌落，受損嚴重。

因此，維護穩定的高自尊會對我們的生活、關係以及自我表現，帶來好的正向影響。

現在，就讓我們準備好，開始學習如何維護原本脆弱的自尊，不論外界環境如何變化，都不再成為你擊潰自己、瓦解自我、否定自己生命不夠好的攻擊，而是給你機會，使你鍛鍊自我肯定、建立自我價值，成為你在人我關係中，相信自己是值得被愛及被尊重的一個人的最好養分。

※本書所有故事人物及情節，皆為化名及經過編寫，非指向任何人的隱私及親身經歷。

Chapter 1

低自尊者的工作困境——事情沒做好，等於我不好？

身處於職場中，當我們犯了錯，
往往浮現在腦海裡的聲音，
不是「我做得不夠好」，
而是「我不好」。

Introduction 引言

生活場景中，常發生一種情況，當某人正自我陳述一個事實或表達一個意見時，另一個人內心卻會立即浮現不悅和壞感受，認為他被那個提出看法及意見的人「否定」和「批評」了，為什麼會這樣呢？

比如，在職場上，當我們提出一個企劃案時，若主管或客戶提出問題或建議，為什麼我們不會覺得「提案」有需要檢討或調整的地方，而會立即感覺無地自容，一種被否定的感覺油然而生？還可能帶有一種被拒絕的不舒服感呢！

這一切的發生和現象，都與我們的「內建翻譯系統」有關。你心裡，有個翻譯（解讀）系統，會將外界的訊息，翻譯成「友善」或是「敵意」。

若是「友善」，你內心會感到安穩、平靜、溫暖及自在；若是「敵意」，你便開始出現焦慮慌張，內心不安全感悄悄升起，隨時要準備開戰或逃跑。

這個翻譯系統的主機，正是心理學所說的：自尊。人內在的自尊，將會影響他翻譯外界而來的訊息，是友善？還是敵意？同時，此內建翻譯系統還會自動下注解：是因為自己很好，還是因為自己不夠好，才會使得自己遭遇這樣的景況，以及被如此對待。

自尊精簡的定義是：一個人覺得自己值得愛及尊重的程度。因此，一個自尊穩定的人，會表現出：「有自信」、「滿意自己」、「認同自己」、「接受自己」、「喜愛自己」、「認識及了解自己」、「肯定自己」、「以自己為榮」、「相信自己」、「對自己有把握」、「可以感覺到自己存在的價值」，以及「能做出自己想要的選擇」的狀態。

然而，影響「自尊」形成的因素多重複雜，不論是家庭的教養方式、成長過程的經歷，還是自己身上所具有的人格特質及內在反應模式的影響，乃至在社會上，是否能建立有意義的社會參與及自我貢獻……等，都會影響到自尊的狀態及呈現。

自尊，也會讓我們的內心形成許多對自己的觀點、感受和評價，特別是關於自己這個主體存在的狀態，包括我們能否對外清楚表達的「我是誰」、「我的優點和缺點」、「我的特質和價值」，以及一些潛藏在內心潛意識，對自我存在感有關的、一時間說不清楚的混沌不明的感受和信念。例如：有時會無緣無故就出現對自己的厭惡、羞恥，覺得自己很沒用，卻說不上為什麼。

在第一章中，我將說明自尊偏低的人，在職場中，最容易外顯的行為反應，幫助我們有所覺察，以及辨識自己目前的工作困境是否出於「低自尊」。

01 工作不順，一切都是我造成的

為了避免得不到肯定的失落感，所以我們會自動反芻負面思考，給自己負評。

自尊偏低的人，或低自尊卻有高自尊需求的人，自尊皆屬於不穩定的狀態。**總括來說，低自尊的人是：怕失敗、怕輸、怕自己不好。而低自尊卻擁有高自尊需求的人是：要贏、要爭、要獨占鰲頭。**雖然這不足以解釋低自尊者的一切現象，卻能從此分析出他們許多行為背後的動機和反應模式；不論是在職場現場，還是在情感關係中。

低自尊的人，因內心深信自己不夠好，常會懷疑自己一無是處，完全沒有什麼能力和優勢，心裡還會無意識地批評自己笨、呆，不時有種以自己為恥（shame）的感受，因此，在職場上會顯得較為消極而被動，害怕承擔責任，也抗拒被交辦重責大任。

如果，所在的職場環境中，出現了工作壓力，或被指派新任務了，低自尊的人會感到一種強烈的不安及焦慮，並出現想逃的反應；不然，就是感到自己被困住了，內心不斷希望這些壓力能瞬間消失或被挪開，好讓他們不需面對挑戰或困難。**他們渴望有一個強而有力的人，能把自己職場中不想面對的情況解決，或提供清楚的指揮，給予他們引導或步驟，使他們避免犯錯及挫折**。因此，低自尊的人常會反覆詢問別人小細節，一再確認正確行事的步驟及規則。

雖然這樣好像很細心、很謹慎的模樣，但其實他們的內心害怕負責，也害怕被責備，更恐懼覺得自己很糟，因此希望都能盡量照著別人說的做，走安全路線，如果有閃失，也可以說是聽從某某人的意見和指導的緣故，不是自己犯的錯。

有時，他們會傳遞一些訊息給主管或同事，像是：「能不能不要叫我想，不要叫我負責，我只想聽命行事」、「這件事我不擅長，可以交給別人做嗎？」，或是，一旦行事過程中發現小失誤或是問題，就立刻出現誇張的自責反應：「這都是我不好，是我的錯，才會害到大家」。

甚至無意識地，在工作事務進行的初始，還沒正式進入主題或核心環節時，他們就自曝其短，好像在告訴職場中的其他人：「這我做不到，不要相信我，不要指派給我」。

就像美琪在工作上曾經遇到的情況。

我是否不適合這份工作？

美琪是一間企業的新進職員，進公司第一天開始，她整個人都處在一種對環境的畏懼及無助當中。

沉默不多話的她，不善於和別人交談、建立關係，因此，大部分的時間她都坐在自己的位置上，不敢輕舉妄動，就怕自己惹出禍端或做錯事。

她記得從小到大，媽媽都會告誡她，不要在團體中愛出風頭，做人要低調，越是醒目顯眼，越是惹人注目，平時少說話、少表達意見，以免觸犯了誰都不知道，平白無故就遭人白眼。

不曉得是否受到母親的話語影響，美琪覺得外面的世界很可怕，而自己這麼笨手笨腳，又不善說話表達，還是乖乖做事就對了。但問題來了，越想乖乖做事，越發現每個人交代她事情的時候，說的都不一樣。不只作法不一樣、規則不一樣，連程序步驟都有差異，她不知道要聽誰的。但又害怕問別人，萬一問了，被認為自己能力差、資質不好，到時候如果背後被罵被笑，不就很丟臉？

不敢開口問人的美琪，看著被交辦的工作不斷湧向自己，內心焦急得要命，心越急動作越慢，動作越慢就越被催件，甚至聽到前輩問她：「怎麼回事？這麼簡單的事，為什麼拖那麼久？」於是，美琪背負的壓力越來越大，心裡不斷環繞著「我是不是不適合這份工作」的念頭。

剛到職不到兩個月，美琪心中滿是對自己的批評和挫折。她覺得這個工作讓自己心力交瘁，不僅擔心別人覺得她做不來，她自己也對此充滿著懷疑：「我是不是太差，還是太笨？我好像怎麼做都不對，不然，為什麼大家會不停指正我？」

自尊偏低，卻擁有高自尊需求的人，會很想透過外在的評價來肯定自己，像是被人稱讚「有能力」、「有才華」，或是從別人喜歡自己的程度，來證明自己是有價值的、是能力夠好的。

但因為自尊偏低，所以太過在乎自己能否被肯定，更害怕得不到認可的失落感，會讓心裡更加低落及沮喪，所以他們會自動反芻負面思考，不斷給予自己負評和否定的語句，讓自己假裝習慣得不到好的肯定和讚賞，以為這樣就不會太難過。

結果，卻因此造成自我心裡浮現的、重複的，都是大量對自己的負面評價：「對不起，是我太笨了」、「我好差勁」、「我能力不足」、「我什麼都做不好」……而這些負向評價，不僅成為他們習慣性地自我陳述，甚至一不留意就自然而然地脫口而出，在那些需要面對及承擔任務的時刻，直接以這種負面的訊息回應。

修復自尊

將目光放在擅長的地方

請將你的目光放在發掘及看見自己做得好的地方，以及個人的擅長之處，肯定自己也有很棒的能力及特長。

你要試著學習建立自信。並從成功的經驗中，逐步獲取心得，累積成日後自我應對及解決問題的自信心。平時，對自己練習，先肯定後檢討。先有了積分，再做一些減分，就不會只剩下負分。

給自己力量

你永遠有能力，創造新的可能

你只是被過往的那些負面經驗綁住了，但是你不等同於那些負面經驗。你是你，永遠有能力創造新的可能。請開始給自己一些機會，以新的眼光來認識自己，不再活在恐懼挫敗的情緒中，掙扎痛苦。

Shift Thinking

對自己練習先肯定後檢討，先有了積分再做一些減分，就不會只剩下負分。

02 害怕失敗，而逃避新事物

因為害怕不安全感，我們會拒絕經歷變動，不願主動嘗試新事物，而失去不少晉升的機會。

自尊偏低的人對任何新事物大都採取被動的態度。原因很簡單，因為對自己沒有自信。對低自尊的人來說，當一件新任務來臨時，還沒進行之前，他們滿滿的想法都是：「我會失敗」、「我會完蛋」，而不是認為這是挑戰，帶著勇於冒險的心去嘗試。

由於內心對自己沒有自信，低自尊者會預想還未發生的情況，並不自覺地放大到「可怕」的程度。他們會戲劇性地想像結果，把結果災難化，像是：「這案子會因為交給我做，而被搞砸」、「若接手處理這個爛攤子，到時候會吃力不討好，我可能會因此丟掉工作，還在業界待不下去」。

一旦希望低自尊者負責開創的、從零開始的新事務，只要沒有資料可以參考，也沒有前人可以借鏡，低自尊者就會感到非常煩惱，無從想像到底自己要怎樣做才能完成任務。他們傾向找不會遇到問題或挑戰的職務做，並抗拒接受必須獨當一面的工作崗位，因此他們幾乎都會拒絕升職或調任職務。**因為不安全感的緣故，越是需要透過摸索，以及建立新模式的任務，他們越不會主動爭取、承擔，甚至會在心裡拒絕去經歷不穩定的變動。**

面臨未知，總讓人焦慮恐慌

愉慧，在自己的崗位三年了，因為公司要進行一項任務須重新編組，所以她必須和另外單位的同仁組成三人小組。這個小組所負責的新任務，主要是負責拓展業務範圍，並以新的行銷方式和客戶接觸。

愉慧很生氣自己在未經詢問過意願的情況下，就這樣被安排。她心裡很納悶，為什麼過去同組的同事，還是執行過去的業務範圍，而自己卻被調任到新的組別，還要處理新的業務，連帶領的小主管也都換了。她和這些同事又不是很熟，這不是要整死她嗎？

愉慧不禁懷疑，公司是否想用這樣的方式逼她離職？為什麼別人不用面對這麼大的改變，自己卻必須要面臨全新的局面及團隊？當她想到這個小組負責的工作內容，對於全公司而言，根本沒有人做過，也沒有人知道該怎麼進行，她就想哭，覺得自己即將大禍臨頭了，到時候一定做不出成績。

於是，從公司宣布重新編組開始，愉慧總是憂心忡忡，在一個月的工作交接時間裡，她不斷地想要提出離職。她想自己先離職，才不會等到情況變得很難看時，自己不得不離職，那樣一定會被別人看笑話。

其實，愉慧也說不上來，為什麼變動對她而言，像是如臨大敵？就算在同一個公司，仍會遇見過去的同事、主管，但她還是有一種被拋棄的感覺，覺得失去了依靠和連結。她在鼓勵自己嘗試之前，就壓根認定自己會失敗、做不好。

即使身邊有一些人告訴愉慧，她要相信自己有做好的能力，她還是很難相信，甚至覺得那些人都是說風涼話，只有自己知道壓力有多大。就算有人認為，這是一個累積能力的機會，愉慧也會從中學習到很多，她還是無法克制的焦慮、煩心。每天醒來後的心情，都在「想離職」和「撐下去」之間掙扎擺盪。

低自尊的人，只要遇到未知的情況，想法都會偏向悲觀的預測，因為對自己的能力有所懷疑，無法信任自己有辦法處理和因應當中的情況，較難體會「臨機應變」的反應。

他們習慣把事情及任務都先規劃好，透過對細節的計畫和控制，可以減少自己對不確定性事務的恐慌及焦慮。然而，若在完全未知的情況下，又沒人可帶領自己及給予指令，他們就會被恐懼淹沒，而無法理性客觀地面對問題及思考解決策略。

修復自尊

經驗，會讓我們成長

請你不要以想像的可怕結果來恐嚇自己。試著告訴自己，只有做了才能獲得過程中的經驗。因為太想要成功，會讓你陷落在「必須完美」的自我要求中，反而越是不安和恐慌。試著相信，「經驗」會讓我們學習和成長，你不用單靠自己一個人努力和計畫才能成功，練習勇敢、主動地踏出一步，為自己爭取一些新的任務及職務，透過邊做邊學、邊學邊成長的過程，累積主動出擊所帶來的意外收穫。

給自己力量

沒有人天生擅長每件事

你的不安來自你對自己沒有信心，這個感覺雖然看似真實，卻不是事實。

因為所有的事都是需要歷經學習及領會的過程，沒有人天生就擅長每一件事。用完美的角度看待自己，就會落入害怕自己不完美的死胡同。承認自己的不完美，腳踏實地地願意練習和學習，會讓自己解脫很多。

Shift Thinking

所有的事都需要自己歷經學習及領會的過程，沒有人天生就擅長每一件事。

03透過外在掌聲，才能肯定自己

當我們能陪伴自己完成目標時，就會懂得完成的本身就是對自己最好的回饋，而不是依賴他人的鼓勵贊同。

自尊偏低的人，因為內在對自己的看法和評價是低落的，無法自己肯定自己，以致更需要時刻外求別人的讚美與認同，才能感覺不那麼心虛和心慌。這種內在空洞的無價值感，時常讓低自尊者無法接受「任何」不同的建議或意見。因為，在低自尊者的內建翻譯系統裡，不同的意見或建議，都等於是對自己的「批評」、「否定」，並會被轉譯成：「是我不夠好」。

這樣想實在是逼自己走進死胡同，因為在這世界上，我們不可能無時無刻、每分每秒，都活在被贊同、被肯定及被讚許的情境裡。他人會有意見或是想提供些許建言，是再自然不過的事。但偏偏對於低自尊者來說，他人的建議或意見，都像是在對他表示：「你怎麼沒想到？」、「你看，被挑出問題和毛病了吧！」因此，他們才會幾近強迫地想要時時刻刻收到讚美和認同。

低自尊的人失去客觀現實感地幻想著，希望自己身旁有一個人，能在任何時間、任何情境，為他們鼓掌拍手。就像是三歲的小孩一樣，不論在嘗試什麼事情，只要轉頭看向媽媽（或主要照顧者），他都能得到掌聲和讚美。

需要有一個鼓勵者和認同者在旁引導，**這是一個孩子在建立自信過程的階段性需要**。但若一個成年人仍迷戀於無時無刻的讚美和掌聲，這正好代表他的自尊建立基礎不夠穩定、強健。同時，他可能在成長歷程中，對於被讚美、認可產生了扭曲的需求：以為只有透過別人的讚美和掌聲，才代表自己夠好。

只是被詢問，卻感到被質疑

在工作中，加惠總不由自主地希望有人關注她的努力，並且對她說：「你做得真好！」、「你好厲害喔！」雖然這樣的期待，偶爾會被滿足，但不是每一次都會出現，所以加惠常會陷入莫名低落或是不知所措的感覺之中。

如果加惠向上級提出了計畫或報告，在收到主管的回覆時，若她沒有得到明確的肯定，只是簡單的「閱」、「可行」或是「通過」，她就會來回審視報告的每一行敘述、每一個字，心想，我究竟是哪裡寫得不夠好、不夠精彩或專業？或者有沒有可能這不是主管要的風格？總之，加惠會花好多時間讓心情七上八下，讓自己魂不守舍地好像活在另一個時空裡。

倘若在加惠執行計畫的過程中，主管再加上一兩句詢問：「順利嗎？」、「怎麼進度有點慢」或是：「有沒有遇到什麼問題？」她就會無法抑制地感到有把怒火在心中燃燒。那團熊熊烈火在她心中不斷地ＯＳ說：「你這麼問是什麼意思？是不相信我、不放心我的辦事能力，還是你覺得我做不好，在暗示什麼？」只要沒有獲得主管的正面評價，加惠就很容易惱羞成怒，同時將對方妖魔化，認為主管為人吝嗇挑剔。她絲毫沒有意識到自己對於被人肯定的執著有多強烈，甚至到了有些強人所難的地步。

修復自尊

戒掉讚美安慰劑，發展自我獨立評價能力

穩定的高自尊者，對外具有客觀現實感，凡事不會以自我中心為導向，希望環境、他人都順應自己的觀點和需求來滿足自己。因此他們能客觀地就事論事，以達成事情的目標和彼此共識為主，而不是以「個人主觀感受的好壞」為主。

如果，我們想維持穩定的高自尊狀態，就必須發展出獨立思考和自我評價的能力。若像小孩或小學生一樣，事事都要被老師改考卷一樣打勾，再寫上嘉許美句，才覺得自己過關及表現良好，如此地依賴別人的稱許和認可，就容易使自尊隨著他人的評價七上八下。

當別人讚許和認可自己時，我們可以真心謝謝他人的欣賞，甚至進一步也學會回饋他人肯定的話語；而不是將他人的贊同或讚美，當成一種保證自己夠好的補給品，或是舒緩自己不安情緒的安慰劑，這樣才不會造成強迫性的上癮行為。

給自己力量

完成，就是對自己最好的回饋

讓我們為自己建構內在中心的價值體系，知道自己為人處事的準則，清楚什麼可為、什麼不可為。了解在自我的價值體系中，可以涵納的彈性是什麼，什麼是自己想堅持的、什麼是自己可以妥協及商量的。

越是擁有自己準則的人，就不會時時刻刻都需要一個權威者或位高權重者認同和肯定自我，卻無法讓自己歷練如何決策和承擔。當我們能從內在安穩地陪伴及引導自己完成目標時，就會懂得完成的本身就是對自己最好的回饋，而不是依賴過程中某人的拍手點頭、鼓勵贊同，以安撫那顆徬徨不安的心。

Shift Thinking

我們越清楚自己的準則，就不必時時刻刻都需要別人的認同。

04 面對位高權重者，敢怒不敢言

當我們無法調節內心的受挫感時，就會以背地裡埋怨向他人尋求認同，但往往無助於自己，也無法解決問題。

自尊偏低的人很害怕與人衝突，因為自覺自己是弱者、弱勢，所以當與他人發生糾紛，或是意見不同時，很容易以消極的方式應對。明明自己有情緒，也有內心的看法和意見，但不說就是不說，因為他們相信：「說了，只是惹來更大的謾罵和批評」，於是他們無法名正言順地說出自己的想法和情緒，而常以繞一個彎的方式表達。

在他們認為對方是「權威者」、「高層」、「長輩」、「強勢者」……等等權力不對等的關係時，這種情況最為明顯。

即使低自尊者有想回以攻擊的念頭，他們也會先以壓抑因應，之後再採取「被動攻擊」的方式。他們慣用的「被動攻擊」，也可說是一種消極對抗，常見的表現有：向不相干的人抱怨、沉默不回應、轉移對物體發洩情緒（例如摔文件、甩門），或是以弱者之姿尋求別人的同情，幫他責備對方，和幫他扳回一城。

因為，對自尊偏低的人而言，「直接」表達，太危險了，但他們又無法調節內心的受傷及受挫感，因此只能在背地裡抗議、埋怨，或向他人尋求認同、贊同，來讓自己好過點。

面對衝突，容易心生委屈

沛麗連續五個月內，都陸續請了生理假，她覺得這是自己的權利，勞基法本來就有這樣的給假規定。但在這個月請生理假時，主管卻遲遲未批回，延宕了好幾天。沛麗覺得很不安，又不知道怎麼回事，只能心裡邊納悶、邊為自己壯膽：「這是我的權利，公司不能不給」。

好不容易主管批回了，但相較於過去，這一次有點不同，主管寫了一行意見：「生理期不舒服是否有去看醫生，了解病因及解決之道？」

在看了這一行字後，沛麗內心很不舒服，主管的意思是說，自己裝病騙假嗎？還是暗示她偷懶嗎？沛麗越想越生氣，無法自抑地顯露出來，當同事和她說話時，她不是冷淡回應，不然就是表現出一副沮喪的神情。

同事見狀，不知道沛麗怎麼了，於是關心了她一下，沛麗便開始眼眶泛淚，難過地說自己在這個工作上付出很多，每天都加班一兩個小時，事情也做不完，這些主管都不在意也沒看見，只會注意她請了生理假，還暗諷她是裝病騙生理假。

同事聽了，見沛麗那麼難過，趕緊安慰她：「這是你的權利啊！不要擔心，也不要怕，主管就算這樣說了，你也沒錯。」

沛麗聽了好過一點兒，卻繼續說著：「我覺得主管只是把我們當成會工作的機器人，根本不知道我們女人月事來的時候，到底有多痛？怎麼會有這麼無情的人，這麼沒有同理心？」說著說著，她就趴在桌上哭了起來。

雖然同事也覺得沛麗表現得有點誇張，但為了安撫她的情緒，還是拍了拍沛麗的肩膀，安慰她說：「他這樣真的很過分，不知道生理痛的女生有多辛苦，這種主管真的不會帶心。」

沛麗聽了抬起頭來，望著同事說：「謝謝你，還好有你可以理解我，知道我的為人，我真的不希望被主管誤會，你有機會可以幫我跟主管說一聲嗎？」

同事聽了，在自己胸口上拍了拍，打包票說：「我會找機會讓他知道要對女性下屬要好一點兒，交給我，如果他再為難你，我也會給他臉色看。」

當擁有拯救者情結的人，或總是想當正義之士、俠女的人，遇到低自尊者，往往會不自覺地進入為對方挺身而出的情境之中。

因為低自尊的人，很難直接去處理彼此的衝突或是意見上的不一致，但他們對於自己被別人否決或懷疑又十分掛心，所以不是將情緒寫在臉上，以示抗議，就是以受害者的「委屈」去影響別人，希望有人為他仗義直言，「攻擊」那些傷害他的對象。

修復自尊

面對衝突，直接就事論事

持續處於受害者的心境中，並不能增加我們的能力，反而會削弱自己面對問題及解決的能力，以及反覆地讓自己處於低自尊的懼怕及無助中，不能不察。

「被動攻擊」看似不是直接攻擊，但往往帶來的後續效應是更混亂的，因為這種方式會將許多原本不相干的人牽扯進入紛爭裡，最後只會讓整件事更烏煙瘴氣，造成所有人，包括低自尊者本身的受傷和挫折，更讓所有身處其中的人都感覺到非常不愉快。

面對衝突，讓我們學習直接就事論事地討論，不因事情被質疑或被詢問，就覺得自己被攻擊、傷害，而將情緒直接反射回去，這樣才能護衛自己內心的安全感。不激起自己過度情緒性地防衛，才能避免對自己造成更大的衝擊和挫折。

給自己力量

以從容態度，勇敢回應

你可能會不自覺地認為別人都在傷害你或攻擊你，因為你內心沒有防護自己的力量和建立適當的界線，所以只能無奈地任由環境中發生的不愉快侵蝕你、干擾你，而讓自己備受傷害及痛苦受罪。

為自己站起來，勇敢往前一步回應，並面對他人，試著以穩定及從容的態度，了解他人的語意和試圖表達的觀點。也許，你會發現別人並非自己想像中那樣可惡，也沒有以你為目標，總想著要傷害你或欺負你之意，或許他們只是想進一步地解決問題或情況。到頭來，你會發現，每個人其實都只是想要化解自己所關注而焦慮的問題罷了。

Shift Thinking

以穩定及從容的態度，了解別人的觀點。也許你會發現別人並非自己想像中的那樣可惡，也沒有要傷害你之意。

05 自誇，其實是一種自我補償

真正的有錢人，不會想去炫耀，或讓人知道他很有錢，因為他的富有已內化成真實自我的一部分。

自尊偏低的人，總是懷疑他人會帶著輕視的眼光看待自己。為了不讓自己持續感受到那份焦慮與難堪，在某些時刻，我們會不自覺以誇張的語調、姿態，戲劇性地企圖表現自己的自信，但其實是在掩飾自己內在的不安。

我們常常聽到人說：「越是自大的人，內心越是自卑」，就是這樣的道理。

這代表著：當一個人三句不離一句自誇時，可能是出於害怕別人覺得他「不行」、「沒條件」或「沒能力」的心理所反射出的自我誇大。也顯示出，此人對自己價值的肯定感，是空洞且空虛的，必須藉由對外的自誇，來過度膨脹自己，好讓別人以為自己各方面的條件或經驗很顯赫。

這和真正的「自我肯定」（自信）是不一樣的。

懂得自我肯定的人，會表現出穩重和穩定的狀態。他的態度會讓人感受到他的自信及深厚的內涵，不疾不徐、不卑不亢，讓人產生對他的信任和尊敬；自誇的人，會讓人覺得有一種誇張、誇大、炫耀的感覺，甚至不自覺地懷疑他的所言是否屬實？

簡單地譬喻來說，這就像是真正的有錢人，不會到處去炫耀，或是以誇張的作為來讓人知道他很有錢，因為他的富有已內化成真實自我的一部分，不論他有沒有去表現或說明，都是一個事實。反倒是，必須以「有錢人」來包裝及塑造一種自我優越形象的人，才會到處炫耀財富，或是逢人便說自己多有錢，深怕別人不知或是不識。

所以，時常自誇，其實是一種自我補償行為。為了企圖掩飾自己的不如人，或自認的不夠好之處，只好以自誇、炫耀來做為自我心虛的代償。

用外在的誇耀，彌補曾被否定的傷

子漢在一家科技公司擔任工程師。公司內眾所皆知他最常與人提及：自己以前在某大企業擔任多了不起的職位，那家大公司之所以能上市上櫃，都是因為他一手開發了創新的程式，讓業績更加卓越超群。當別人狐疑地問他「那你為何要離職」時，他會沒好氣地說：「還不是遭人嫉妒，被以小手段陷害，才不得不離開。」

但是子漢其實不知道，那家大企業在業界大家都知曉，同事中自然也有認識還在該公司任職的人。別人曾私下問過，子漢在那家公司的表現和情況，得到的消息大致上是：他「很難相處」、「既霸道又自以為是」，不然就是「只在乎自己，不顧團隊」，和子漢自我陳述的表現和成就，落差很大。

而子漢會離職，主要是覺得自己被大材小用，想攬權卻總是不如願，乾脆自己求去。但對前公司來說，子漢能自行離職，簡直讓大家鬆了一口氣，因為子漢凡事不能與人商量的性格，再加上動不動就暴躁易怒、指責別人的態度，早就讓公司的人事主管很頭疼了。

但是，子漢既不可能承認自己在前公司與人相處上出了問題，也不會認為自己有任何需要檢討或調整的地方。只要別人讓子漢感受到「自己不夠好」的感覺，他就會無法克制衝動地想口出惡言，所以他才必須時時刻刻地誇耀自己是優秀的、卓越的、毫無瑕疵的、零失誤的，不然那種自己被否定或被拒絕的感覺，簡直就像是要了他的命似的。

修復自尊

從內在改善對自己的觀感和評價

身為不穩定的高自尊的人，會想要獲得更多的肯定，卻往往用錯了方法。他們獲得高自尊的方法，不是奠基於接納自己和肯定自己之上，反而因為不願意接納及肯定自己，因此特別害怕自己再被外界否定，變得戒慎恐懼，必須時時刻刻地誇耀自己，以避免再被別人視為「不好」的存在。

因此，不穩定的高自尊者，實質是低自尊者，他們只是用以為能得到高自尊的外在行為，來掩飾自己真實的低自尊狀態。

要讓不穩定的高自尊者獲得真實的自信，他們必須要練習，不要以外在表現或成就來作為自我價值的取向，而是從內在改善對自己的觀感和評價。

當我們能無條件地支持、肯定自我的價值，就不會在被肯定與否的情況下，對自己的評價忽高忽低，導致自我狀態的不穩定。

膨脹式的高自尊其實是虛空的，很容易被戳破或崩塌。因此在建立穩定高自尊的過程中，我們真正要做的，不是自吹自擂、老王賣瓜，而是要學習以自己實實在在的能力和待人接物的應對，提高對自我效能及處事能力的肯定，才不會輕易覺得被看輕或被漠視。

給自己力量

合理的自我期許，完整地接納自我

若你不斷地以自我吹捧的方式擴張自己、彰顯自己，雖然短時間內，自己好像真的有兩把刷子，但相信這種膨脹感很快就會消逝，當其他人開始不關注你，或沒有得到你所期待的掌聲時，所反彈出來的憤恨及不如願的殺傷力，會讓你更容易坐在受害者的位置上，覺得被天下人辜負和漠視。

如果你發現自己似乎遇到了這樣的困境，請試著覺察並了解，其實你對於被別人看輕、漠視的恐懼及焦慮，是來自內在自我的諸多期待。然而，你卻無法面對自己的失望和限制，以致於一再陷落於恐懼被別人識破的想像中。

試著如實地接納自己，如實地接納自己的好和不好、能與不能，這並不會傷害我們任何一根汗毛，只是讓我們真實認識自己的一段過程。為自己解開那種要成為萬眾矚目的人上人的想像，若是我們無法接受真實的自己，任何想像出來的誇耀，都是自欺欺人罷了。活出真實的自己，才能讓我們踏實地活在這世界上。

Shift Thinking

真實認識自己，就是如實地接納自己的好和不好、能與不能。

06 對外表的追求，源於對自我的否定

童年曾遭遇過外貌或體態被人羞辱的孩子，內心的自卑會讓他發憤力求改變自己的外貌及體態。

無論是對自己的外表或形象，總是刻意地不修邊幅、漫不經心，或是無時無刻不注意著，期望自己總是能「完美」呈現，都是源於無法自在展現及接受自己原貌的低自尊。因為對自己樣貌的低價值感（不自信），索性以毫不在乎來掩飾、迴避面對自己，抑或處處注意自己是否完美，這都反映著內在那份否定自我的彆扭。

以行為來說，低自尊的人可能會有兩種照鏡子的極端反應。

不修邊幅型的低自尊者討厭照鏡子，只要有能映照出自己樣貌的東西，都必須加以避免，當然他們也會迴避照相。而且，因為討厭自己的形象，他們對於能讓自

己看起來美麗、帥氣的事物，幾乎一概拒絕，覺得自己不值得這樣裝扮，像是醜人多作怪，怕會被人取笑。

另一種極端追求高自尊的低自尊者，卻是時時刻刻照鏡子，唯恐自己身上有一點兒瑕疵、一點兒不夠完美之處。他們幾乎隨時隨地都把注意力放在關注自己的外表上，頭髮是不是不夠有型？衣服是否亂了？配飾是否不夠亮眼？更甚者，還會隨時隨地注意自己的體態。即使沒有人特別關注他們，無論坐姿、站姿，身體的曲線、各部位的線條，他們也會十分在意。當一個人站在鏡子面前時，他們會讓身體不停地擺出各種姿態，勤加鍛鍊體態，務必讓自己感到滿意及驕傲才行。

對於童年遭遇過外型或體態曾被別人羞辱經驗的低自尊者，內心的自卑感會讓他發憤力求改變自己的外貌及外型。這種例子不僅是戲劇中的題材，更是現實生活中時常發生的例子。而且，這種積極到幾近強迫地整型、瘦身、鍛鍊體格及對裝扮的執著，會以各種美其名的名目和理由出現：我這樣才時尚、好看、美麗，或是愛自己……等。雖然這些理由都很吸引人，但出於自卑、羞恥心態而追求外表及體態的人，只要自己稍微鬆懈，或沒有隨時隨地讓自己力保最佳狀態，就會引發他們激烈的焦慮感，這和真心接納喜愛自己的人，是截然不同的。

因為羞恥，而想抹滅自己

每天早上，鈞彥都會穿上合身的襯衫和西裝才出門。為了穿上合身的型男服飾，他每週會花三個晚上去健身房，外加清晨起床後的自我體能鍛鍊。鈞彥對自己的身材非常自豪，不僅會拍全身裸照，記錄自己的鍛鍊成效，也會將這些照片發到一些同好的社團群組中，享受成員們對他體格的稱讚和驚嘆。

在公司內就更不用說了，當其它部門的女職員經過鈞彥身旁時，他可以感受到別人的關注眼光，似乎在她們的眼中的自己，如同「天菜」或「男神」一般。這些外在的眼光和讚許，都讓均彥沉浸在自豪的感受中，似乎他的完美是無人可及，而那些粗俗、不修邊幅、散發體臭的男性，總令他深深不解，不懂怎麼會有人把自己活成一灘爛泥的樣子？做不了王子或貴族，至少也該乾乾淨淨的吧！

但自許為王子般的鈞彥，也有不堪回首的過去。國小時期的鈞彥，那時八十公斤，他走到哪兒都被別人喊豬公，同學還會集體地嘲弄他，常常故意害他跌倒，不然就是笑他運動神經不好，總是跑最後一名。

有一次，老師還在全班面前，大聲對著他說：「鈞彥，你在家是不是都在吃？這麼好吃懶做怎麼辦啊？你以後完蛋了。」

鈞彥不想回憶起那段人生的黑歷史，從他現在的模樣，絕對不會有人聯想到他過去那段可恥的日子。要是現在遇到過去曾嘲弄他的同學，肯定也要讓他們知道，真正的王者是誰？他們只能羞愧地望著他，然後看著自己現在的蠢樣。

修復自尊

意識到自己的獨一無二

低自尊者對於身體、外貌的極端表現，不論是過度忽視或過度在乎，都顯示了他們對於自我的觀感曾有一段糟糕和羞恥的感受。

因為羞恥，而想抹滅自己，這樣的低自尊者慣於忽視自己的存在；若因為羞恥而力求改變，想讓別人另眼相看以擺脫過往醜小鴨的形象者，則會極端地追求完美、無懈可擊，來做為自我防衛後的虛假自我。

以上這兩種的低自尊者，在真正面對自己時，都無法獲得內在的平靜和安穩。

只要面對內在的自己，就會被難以抑制的焦慮感纏身。因此，當我們能真實地接納自己的存在，接納自己的身體、外貌時，內心才能擁有真實的平靜。

能安然接納自己外貌、身體的人，不僅不會找自己麻煩，挑剔自己外型上的毛病，還能如實地將自己視為一個真正的生命（人），如實相待。當我們意識到自己的獨一無二，接受自己身上所具有的特徵，就能在接納自己的基礎上，對自己進一步地喜愛和珍惜。

給自己力量

感謝身體為你所承受的一切

對身體和外貌照顧的程度，確實會反映出我們對自己的看重或在乎，畢竟一個人夠關心及在乎自己，才會願意花心思和時間在自己的身上。

我們若將外在及外貌視為掩飾自己不夠好的保護盔甲，以為只有自己夠漂亮或英俊，才能獲得他人的青睞及喜愛的話，若得不到外人青睞及喜愛時，就會反過來認定自己很差、很醜陋及糟糕。這樣的自尊如同海市蜃樓般，會輕易因為未受他人關注及欣賞的目光而煙消雲散，然後，發現我們還是原來那一個，連自己都不喜愛的自己。

讓我們試著與自己的身體建立友好的關係，感謝及體會身體為自身所承受的一切。若沒有這樣的身體、外貌，就沒有這一個能夠好好體察人生滋味的你。

如果你願意感謝自身，也願意成為擔負起照顧及保養自己身體的那一個最重要的人，請試著重新了解及認識自己的外貌和身體，試著體會身體的感受，就能逐漸建立一個完整的你，並成為一個真正接受自己的你。

Shift Thinking

當我們意識到自己的獨一無二，接受身上所具有的特徵，就能在接納自己的基礎上，進一步地喜愛和珍惜自己。

07 藉由擁有金錢及地位，提升自尊

若是成長過程中，「擁有就是好」的價值觀未經調整，那麼我們很可能會一生淪陷在無盡的物欲裡。

自尊偏低的人，由於內在價值的貧瘠，對自己充滿否定感，因此更需要外在的物質條件來襯托自己，以掩蓋內心那份空洞。他們希望讓別人看見自己「有」，這樣別人就看不見自己的困窘和貧乏。他們也想利用外在物質的擁有，企圖填補內在的空虛與冰冷，甚至虛漲自我的存在價值，希望這樣可以讓別人看得起自己，更願意重視自己。

低自尊者內在的自我價值感之所以未被成功建立，可能在成長過程中，他們時常被做為比較的對象，而且是相對「失敗」、「弱勢」、「缺乏」的那個人。因此，他們內心累積的自我觀感，就是自己是比較差的、缺乏的、無價值的。如果再加上身旁的大人、長輩，時常誇耀自己或稱讚別人身上的行頭或條件的話，那麼他們對自我的價值觀就容易在此過程中被扭曲，以為自己必須擁有非常豪華或奢侈的物質，才是優秀的人，或值得被肯定。

在懵懂無知的年紀裡，當環境中不停地對我們釋放能享受或能擁有虛榮的物質才是成功的要件時，那麼我們就會毫不猶豫地認定，只有錢和物質才能為自己掙來自尊，受人尊敬或歡迎。

所以，在小學或中學的環境裡，有許多孩子不斷地向父母索求購買名貴的物質，好讓自己向同學炫耀，或是贈與朋友，以顯示擁有這些物質的自己，是一個獨特不凡的人。

若是成長的過程中，這樣的價值觀沒有機會獲得澄清及調整，那麼我們很可能會一生淪陷在無盡的物欲裡。即使經濟能力不足，也會透過不斷地購買名牌精品、名貴行頭、名車，或是以奢華享受，做為抬高自己社會地位的方法。當然這樣塑造的社會地位，和實際內心自我感受到的心理地位，是截然不同的。

被欲求包裝的自我，會壓垮人生

成美一直不太敢打開信用卡帳單，因為這個月她比過去都還失心瘋地刷了一整組名牌保養品，還買了一個限量的名牌包。雖然她都會說服自己：「沒關係，分期還完就沒事了，何況折扣後真的省了很多，買到就是賺到。」再加上她這個月跟同事去體驗做臉護膚的療程，又用分期付款買了十次療程。每筆花費零零總總加起來，就算分期付款，也佔了薪水的三分之二，所以她只能繳最低金額了。

其實上個月，她才以自己生日的名義，在百貨公司專櫃買了一只名牌鍊錶，想做為自己三十歲的紀念。因為她看過同事戴過那款錶，覺得好羨慕，才會想買。說起這個同事，不論穿著或是打扮，都讓成美很羨慕和喜歡，真希望自己能像她一樣。而那位同事就是俗稱的白富美，她們家裡有錢不說，穿戴也都好有品味，常得到別人的稱讚。

於是，成美不由自主地覺得自己好自卑，好像自己很平凡，沒什麼值得讓人稱羨及誇讚的，所以不僅常常追蹤網美的裝扮或化妝影片，不然，就是追蹤那些人氣很高、又美、又時尚的名人，希望透過模仿，自己也能注意到那些品牌和正在流行的趨勢。她心裡禁不住想和那些網美一樣，不論他們在用什麼，自己也要趕緊追上，這樣才能顯示自己的不凡。

即使，成美知道自己的薪資根本不足以負擔那些無窮無盡的追求，她好希望趕緊交一個男朋友，就可以想辦法叫男朋友買來送她。但眼前成美最苦惱的是，繳了這一期的最低應繳金額，再付了小套房的房租後，她這個月原本想要添購的韓版外套該怎麼辦？那是她想要穿去參加同事婚禮時穿的……

修復自尊

真正的魅力，來自對自己的喜愛

若我們覺得能藉由外在物質及行頭來獲取自尊，可能已忽略了人有「內裝」這一回事。所謂的「內裝」，就是身為自己這個人的本質及內涵。

當一個人不接納也不認識自己的本質及內涵時，他就會想盡辦法包裝、打扮自己，為自己增添美麗或英俊的要件。但是，真正的美麗和英俊，往往必須來自內涵及氣質的支撐，才不會顯得空乏。因此，當我們用任何外在打扮或物質妝點自己的同時，也不要忘了去認識及發掘自己內在的自信和真實，才能散發出真正令人喜愛的氣質。世上所有美麗或讓人喜歡的事物，往往因不同的美感和價值觀而定。每個人都可以有他喜歡的品味和對物質的需求，但有所取捨、有所規劃、有所衡量後的選擇，和一股腦地把別人擁有或喜愛的東西往自己身上穿戴是不同的。

真正迷人的魅力，並非來自物質本身，而是喜愛自己本質的那份自信和自然。

試著把我們擁有的物件整理成一張清單，從中辨識出哪些符合自己真正喜愛的需求，哪些事物只是盲目的購物行為，為自己徒增不少後果和代價。那些令你真正發自內心珍愛的物品，才是增加自我光彩的來源。即使，沒有那些虛華物質的增添，你仍能看見自己獨特的美麗，那樣的美麗才真實。

給自己力量

重新認識自己的獨特內涵

你因為不認識自己內在的特質和本質，所以只能把自己像打扮得像洋娃娃一樣，不停換裝扮。因為外在是你看得到的變化，知道自己有花錢、有裝扮、有改造了，卻始終看不到內在自我的存在。若你不知道怎麼運用內在自我的角度去思考事物，又如何能提升內在自己對外在的評價？以致你只能盲從，看到人家做什麼、買了什麼，就以為那是大家都喜歡的，所以跟著做、跟著買。

追根究柢下，你會發現，這一切源於害怕自己會輸和一無所有的感覺，因為那曾經讓你備受屈辱。因為這樣，你開始想要跟大家一樣，總是看不見自己擁有的，卻很容易看見自己沒有的。

如果你願意，重新從自己的獨特內涵和本質去認識自己，擁有自己真正的思考和情感，漸漸地，你會成為一個內在豐富的人。當所言所行皆能發自內心、不再空泛，你就能實實在在地擁有自信。

Shift Thinking

即使沒有虛華的物質，你仍能欣賞自己獨特的美麗，那樣的美麗才真實。

08 人生好累，對工作和生活好無力

低自尊者對人生的無力感是真實的，只是這份情緒僅限於當事人的內在感受，卻往往不是客觀事實。

自尊偏低的人對於生活往往充滿無力感。因為對自己毫無信心，不相信自己能夠面對環境中的壓力與挑戰，對於人際關係更是充滿焦慮與恐懼，所以他們總是將所有的責任與困頓推諉到別人身上：「人生好難、好累，但一切的難，都是因為別人的要求和強迫，那不是我應該承擔的。」看似無奈的埋怨，卻是低自尊者內心真正的聲音。

他們真的不是故意這麼想的，他們是自然而然就這麼想的：「我是無助者、我是無力的，如果沒人幫我，我什麼都不會，什麼都辦不到」。

對於這樣的思維，也許有些人會很訝異，但對低自尊者而言，不相信自己有能力應付人生，是一個很日常的反應。

你如果鼓勵他們，或將他們的優點、有能力之處告訴他們，他們會繼續反駁你，試圖說服你，其實他們真的做不到，是勉強為之。

低自尊者的這一連串反應，有時會帶給別人挫折感，或惹怒別人。

無論是他們的夥伴、同事、主管或是督導，越想給他們信心，希望他們有自信去承擔一些任務和工作，但他們的反應往往都是推拒，甚至有種被迫害的感覺，好像你在壓迫、勉強他做他不願意的事。

但是，低自尊者的無力感是真實的，只是這份情緒、感受僅真實發生於當事人的個體內在，卻往往不是客觀事實。

較無自尊障礙的人都可以明瞭，我們每個人都有擅長之處，也有限制之處。所謂的優勢和劣勢並不是在說這個人是好是壞。我們都會在優勢處好好盡情發揮，在自我的限制及不足處試圖突破及鍛鍊。當然，如果我們努力及盡力修整過後，發現自己在這件事上真正能力有限時，也會勇於接納，不逞強、不勉強，也樂見他人的發揮。

但低自尊者不太願意嘗試，更不想經歷反覆努力的過程。他們的無力感，讓自己一想到「過程」就感到好累，開始焦慮和煩躁。於是，他們也不擅長解決問題，還常被問題所困。

總括而言，低自尊者抗拒的不僅是這件事，而是自我承擔及自我負責。由於時常覺得自己不好，或覺得自己很弱、無力以對，所以他們預估的走向和結果都是很負面的，當然連嘗試都不想了。

一想到工作，就覺心好累

玉佩被主管指派去參加一個訓練研習課程，主管希望她去學習新的業務管理方式，來改善部門的業務流程及效率。其實這已經是一個老問題了，因為主管認為玉佩在這個工作的資歷不淺，已經六年了，也應該被磨練、擔負多一點責任了。

沒想到，玉佩得知這個消息後非常不高興，她對主管說了很多理由，諸如自己對電腦不在行、吸收力慢，學不來，到時沒有幫上這個部門的忙，那豈不浪費這個機會？

雖然表面上，玉佩好像在為這個部門著想，但實質上，是她不想一個人承擔研習後要負的責任。面對這份工作，她已經常常身心俱疲了，公司還要她多學習及承擔提升業務效能的新工作，這不是更麻煩、更累了嗎？

「上這種課，根本就是白費時間，對我一點也沒用。」玉佩在心裡不情願地嘀咕著。

修復自尊

學會自我能量管理

自尊偏低的人會抗拒接受自己生命的重量，以致對於許多日常事物的反應，都是好難、好累，並不自覺這已成為他們的慣性思考模式。所以，一旦面臨改變，或是需要他們學習調整的方法時，當然又會再度落入「好難、好累」的心理迴圈，使得他們不斷地忽視自己的學習力，也將自己的能量浪費在無力感的循環中。

無力感之所以存在，是由於低自尊者從幼年時就承受了許多外在的否定和掃興，導致他們不想再自動、主動地積極嘗試任何事。所以，他們習慣被動，照著人家的指令和意見行事，但同時在這樣的過程中，又覺得不斷因應及順服別人指揮及要求的自己，真的好累、好無力。

想從這種惡性循環的思維方式解脫，低自尊者可以學會自我能量管理，不要任由自己把能量都陷落在負面、無力的情緒中，而是在現實客觀的情境下，從嘗試微調或完成目前自己可以做到的部分開始，給予自己肯定和鼓勵。

一面抵抗外在的壓力，一面承受自身內在的情緒低落，可能會讓低自尊者的無力感越來越深。若是透過自我能量的管理，以及自我引導及學習情緒調節，仍不見改善的效果，可考慮接受精神醫療的診治及協助。

給自己力量

從嘗試開始，學習鼓勵自己

也許在你的生活處境裡，鮮少獲得「被鼓勵」和「達成目標」的感覺，因為過去曾經歷過太多次外人對你潑冷水和掃興的對待。

但若你把那些被潑冷水和掃興的對待視為事實，以此來限制及綁住自己的意志和行動，就會成為人生的問題。你為了讓自己避免再受挫，在無意識中就習慣了打消念頭，及消除自己的動力，但這樣的循環只會令你一直處於無力感的情境中，更加深對人生的無能為力。

適時地鼓勵自己，從自己的一個小動作開始，或一個小嘗試開始，學習用正向話語來肯定自己。也許過去的你沒有經歷過，但不代表你學不會。而你首要學習的是，別再用過去的經驗，無限循環地打擊自己及挫敗自己。

Shift Thinking

從現在開始，適時地鼓勵自己，嘗試和學習用正向話語來肯定自己。

09 為了維持形象，而耗盡心力

我們若是希望自己永遠維持受人喜歡的形象，那麼周圍的人際關係不僅會令人疲於應付，自己也要為了維持這樣的形象，付出很大的能量和代價。

自尊偏低的人為了掩飾內在的真實自我，習慣用硬撐起來的假面形象來面對他人。為了維持這份偽裝，他們必須耗盡自己的氣力、能量，才不至於被看穿、被識破，因此常格外感到內在能量的耗竭，讓心累得要命。

最容易被他們當作偽裝的形象，包括：「好人形象」、「體貼又善解人意形象」、「文靜禮貌形象」、「強者形象」及「權威形象」。

一般情況下，人會因應各種場合和身分角色的需要，而調整自己應對外界的面貌及形象，這就心理學來說，是健康且正常的。

因為希望自己不論在家還是在外工作、面對外人或自己的親密家人、一個人自處時還是在社群裡，都要自己保持同一個面貌，和同一個身分角色的形象，那才是不健康的。就像如果我們是專業人士或是位居某種職位、角色時，會表現出受訓練過的專業態度及專業技能。我們清楚知道在這一個身分及角色中該注意的言行舉止及責任擔負，不會在這樣的專業身分中，仍強調要做自己，以個人主張和喜惡任意而為，這是社會歷練下的敏感度及辨識力。

但若有一個人，無論在專業工作中，或是個人生活領域，不論在面對自己的客戶還是親人朋友，都以某種想讓人喜歡、滿意的形象出現，那周圍的人際關係不僅會令他疲於應付，他自己也要為了維持這樣的一個形象，付出很大的能量和代價。

相較自尊穩定的人，自尊偏低的人更容易迷失在專業的身分及權威的角色下，不斷自我陶醉和自我防衛。回歸到自己本身，他們其實不知道自己的價值和獨特性在哪裡，也不知道憑著自身的本質，有什麼值得讓別人喜歡和接受的。所以一旦獲取某種專業的形象或身分，他們幾乎會時時刻刻把那個形象硬黏著在自我之上，無視於真實的自我，只接納被他人認定的某種形象，或外界尊稱他的某種身分，並以此為榮。然而，只要這個形象瓦解，或是這個身分被撤除，面對著赤裸的自己的羞恥感，會讓他們更難學會自處。

當工作身分和自我密不可分

華盈擔任中學老師已經有十年資歷了。這十年來，華盈一年一年地摸索要如何當一個人人誇讚的「好老師」。不論是校長、長官、同仁、家長，還有教過的學生，她都謹小慎微地對應著，不容許自己有一點兒被檢討的地方。

所以，華盈花了非常非常多的時間，和家長們培養感情。而且不只限於校內活動，週末她也會不定時舉辦全班師生及家長的聯誼活動。只要家長提出的問題及需要，華盈都盡可能去回應及解決。她希望自己是一個「熱情」、「認真」、「用心」、「親切」的好老師，即使這個願望消磨了她所有的精力，讓她幾乎沒有個人的時間，連男友都覺得她全心全意只想做老師，根本無暇經營感情而分手。不過，華盈還是強振精神，希望自己不要顯露出失戀的傷心和沮喪。

對於教學的熱心，讓華盈對於學校交辦的任務，總是習慣說「好」，因為她不想讓人覺得她擺架子、難搞。她總想，現在幫人家，如果有一天自己有需要時，那些人應該也會願意幫她才是。然而十年過去了，願意幫她的人根本寥寥可數，可是她已經失去拒絕別人的能力，連為自己說「不」，都發不了聲。

其實，對於當一個好老師的快樂，華盈已經越來越難感受到。也許，頭一兩年偶爾還有為人師的喜悅，但其實心中更多的是焦慮和不安，深怕自己哪裡不夠好？會不會被家長指責？會不會被同仁討厭？能不能得到學生的肯定？

十年下來，華盈越來越難以肯定自己，也不知道自己究竟在為什麼辛苦？為什麼而累？但她清楚知道一件事，她和老師的身分已密不可分，無論如何，都不能失去「老師」這個身分。如果她不再是「老師」，根本不知道這個名叫「華盈」的人，到底是誰？又有什麼價值？

修復自尊

讓角色下班，回歸自我

「自我期許」可以成為我們向上提升自我能力的一種動力，也可以成為束縛、綁架自我的牢籠，端看自己在付出和守護自我之間如何拿捏、平衡，如何使自己和別人互惠及獲益。但是，如果有一方遭受忽視及剝削，那對自己而言，就不再是平衡及有益的「自我期許」。

我們的「自我」，不等於身分或角色，「自我」是身分和角色的基礎，也是身分和角色的夥伴。當身分和角色的形象褪去，我們仍然要清楚地認識自己是誰。

因此，我們可以常做一個練習，在一日工作後，告訴自己：「今天的角色或形象下班了，我是〇〇〇。」或是時常默想，如果今天你不再有那些角色和形象、那些身分和地位，那麼你是誰？這都有助於建立你真實的自我、回歸到自己的本質。

一個願意且有能力認識自己的人，會花較多時間了解自己，因此他有較多的機會去選擇適合自己的事物，以襯托他自己的風格。而不是在盲目選擇後，心生後悔或懊惱，也不會在失去理性下失控地購物。當我們能選擇自己真心喜歡的物品，透過這些真正喜歡的物品呼應對自己的喜愛，內在才會產生真實的喜悅。

同理可證，身分和角色也一樣。一個對真實自我有所認識的人，會為自己選擇適宜的社會角色或職位，再以工作或事業展現，達到實現自我。

也就是說，身分和角色的面貌或形象，是達成自我實現的一個途徑及管道，但不代表我們只限於這一個身分或角色。一個心存彈性及懂得活出完整自我的人，很清楚在人生的不同階段，需要做出不同身分和角色的轉換，選擇讓不同的自我皆能獲得實現的管道，而不受限於某一個身分或角色。

當然，你一定看過有些人即使已經離開某個崗位，也不再擔任某個角色，卻遲遲不肯放下過往那個位置或身分的頭銜，還是緊抓著過去的那些形象光環不放，沉溺在那個角色的假面中，來獲取他想要的虛假尊敬及掌聲。但是，這不僅會令他的生涯停滯不前，也會讓自己困在過往的回憶中，無法面對當下的真實人生。

給自己力量

一切經歷，會轉化成內在的智慧

若你學會了自我肯定，就能如實地肯定自己在人生奮鬥過的足跡，以及自己是如何迎接各種挑戰，克服許多難關，經歷一切人生起伏。雖然那些事蹟已過去，然而最心知肚明的人唯有自己，從中真實得到的歷練，都不枉費你為此下過的功夫。

但是，如果你只眷戀於特定的身分和角色，戀棧某個職位和形象，深怕尊敬和掌聲消失後，自己就什麼都不是了，那麼就輕忽內在所累積的厚實智慧了。

一個懂得自己已獲得什麼的人，不怕離開；而一個很怕離開之後，就失去所有的人，才會說什麼都不願意走開。這就是差別之處。你所擁有的一切，究竟是在自己的內在，還是所依賴的外在，這會決定你有多少安全感，和對自己接納的程度，直接影響你的自尊穩定度。

Shift Thinking

在人生不同階段，我們都需要經歷不同身分的轉換，讓不同的自我皆能獲得實現。

10 把小事情看成巨大任務，寸步難行

我們總是很想把握機會做些讓人刮目相看的事，卻往往把目標設定得太高、太理想化，以致於要開始執行時，連最基本的起步，都會困住自己。

自尊偏低的人，出於對自己能力的不肯定，所以在面對非做不可的事情時，就必須與內在那股抗拒對峙，於是更讓自己耗能，能拖一時是一時，連微小的工作，從自己眼中看出去，都成了無法負荷的巨大任務。

有拖延慣性的人，都有自尊偏低的情況。他無法從摸索的歷程中學習或是獲得成就，而是感受到自己的能力不足，進而挫敗及打擊自我。因此，低自尊的人，比較討厭經歷過程，經常想找一個捷徑，或是不費功夫的方法，來讓事情迅速達成。

然而，往往事與願違，於是他就會在「做」與「不做」下拉扯。

若是低自尊又有高自尊需求的人，還會因為自己一開始把預期標準設得太高，以致執行時覺得困難重重，事務又繁瑣，導致他們光想就覺得累了，無法靜下心來，專注且按部就班地進行。

無論是對自己的預期表現過於理想化，卻在執行時遇到困難、不順遂，或是需要邊做邊摸索，這都會讓內在自我能量不足的低自尊者，無法擁有穩定的續航力，當自我引擎的驅動力不足，便造成了緩慢及拖延的結果。

預期越高，壓力越大

永霖目前負責一個專案企劃。在開始進行以前，組長要他把公司過往類似的企劃案搜尋一下，先了解其它單位類似的企劃是如何執行的，以及成效如何，在公司內部先做個簡報。

永霖一接到這個指派，就心想他一定要做個讓公司內部讚嘆連連的報告。但隨著資料收集越多，越需要時間整理和分析，他就越煩躁。雖然，永霖心裡明白，做簡報絕對難不倒他，但他就是很難靜下來心來製作。

每當永霖一開啟電腦，就開始瀏覽其它網頁，或玩起遊戲，把原本很充裕的時間耗到剩沒幾天。在只剩幾天的情況下，他想到那份原本想用心製作的簡報，看來是來不及也無望了。一想到這兒，他連提起勁要完成的動力都沒有了，心裡有一種好想逃的念頭，埋怨著自己為什麼這麼倒楣，被指派這一份工作，同時又怪罪自己怎麼這麼浪費時間……

修復自尊

先求有，再求好

低自尊者總是很想把握機會做些讓人刮目相看的事，卻往往把最初的設定和目標放得太高、太理想化，以致於要開始執行時，連最基本的起步，都會困住自己。一想到前往目標的路程遙遠，他們就不由自主地想拖延（一路拖著腳步走的感覺）。那些焦慮和煩悶，也成為壓得他喘不過氣的情緒壓力，而寸步難行。

若我們想擁有穩定的自尊，就要練習不要在事情開始之前就想像得太完美和過

度理想化，而是先建構「有」再求好，在慢慢建構和修整的歷程中，讓事情以臻完整。因為當執行的內容先「有」雛形後，我們的焦慮感和無力感也不會這麼強烈，這份游刃有餘的感覺，會讓自己越來越駕輕就熟，也越來越胸有成竹。這種累積成就的歷程，會回饋給自我肯定的感覺，減少自覺起步難的拖延症狀。

能持之以恆達成任何計畫的人，並非因為那些計畫在執行過程中相對簡單或是容易，而是想堅持下去，就需要兼具挫折管理和自我鼓勵的能力。他們不會讓挫折感無邊無際地打擊自己，而會承認使自己受挫之處，然後在下一刻找出有力可施的地方，自我鼓勵，繼續嘗試，繼續前進。

給自己力量

接納無法掌控的可能

許多時候，「完成目標」不在於一個人要多麼天資聰穎或出類拔萃，而是在於「持續力」。許多人都有很多「空想」的念頭，但一想到「要做」，心中的動力就少了一大半。

為什麼當我們一想開始動手做，那份驅動力就會消失呢？一來是要自己從零開始的這種慢慢累積的過程，對於急躁想看到成果的人來說，缺乏足夠的耐心。二來在陪伴自己完成的持續力方面，不夠專注。

內心不夠安穩的人，在陪伴自己的時候，無法按捺自己的焦慮及不安，也無力安撫自己的心慌不已，因此就會開始轉移注意力，分心去做其它不相干的事。焦慮是源於自我深層的恐懼和擔憂，是對未知的一種不確信。因此，不如承認自己的無知，接納可能會出現自己不能掌握的情況，試著先做自己能完成的部分就好。以溫和的方式，鼓勵自己一小步、一小步地前進，才不至於讓自己因為壓力過大當機失調，反而無法順利運作。

Shift Thinking

接納可能會出現自己不能掌握的情況，試著先做自己能完成的部分就好。

Chapter 2

低自尊者的情感困境——

愛與不愛，都害怕受傷害

身在愛情中的低自尊者，
由於害怕被傷害，
所以會啟動心理的防衛機制，
這時感情關係就容易陷入相互傷害的惡性循環。

Introduction 引言

自尊偏低的人，在人際關係中時常會過度反省自己「不夠好」、「配不上」別人之處，也害怕別人會認為自己不夠好而輕視自己，或是拋棄自己，所以總處在過度的焦慮及擔心中，經常自責及感到罪惡，害怕被他人拒絕及排斥。

此外，低自尊者對自我的不自信、厭惡和排斥，也容易將自我觀感投射到他人的觀感之上。比如：當他覺得自己看起來怪怪的，就覺得周圍的人看他時，一定也覺得他很奇怪。或是，當他覺得自己打扮起來很醜，會引人注目而被取笑，一旦有一天他特意打扮了，就覺得大家都在偷偷笑他，覺得他是在作怪。

當我們無法肯定自我時，就會將在內在的自我觀感向外投射、延伸到很多層面。

像是有些人時常擔心自己因為看起來比較笨或是動作太慢而惹人厭，就會不斷地覺得身旁的人都在指責他好笨及動作慢，而無法停止對其他人反應的恐懼和焦慮。所以，他們容易對關係中另一人的一舉一動既敏感又擔憂，總覺得只要和另一個人在一起，另一個人的心中一定常常嫌棄他或厭煩他。

就如同職場中的表現一樣，低自尊者在思考時會以自我為中心，無法客觀地觀察事實，而會以未經澄清及核對的主觀，就認定別人的看法和態度。就算別人根本沒說什麼，他們也會以自己的想像，來認定別人對自己的觀感。低自尊者因為不安全感及焦慮，幾乎無時無刻都在上演自導自演的內心小劇場。

基於對自己的「強烈不安全感」、「沒自信」、「習慣自我否定及自我厭惡」，再加上「不穩定的自我價值感」等特徵，當有自尊障礙的低自尊者身處各種人際關係時，就如同讓自己深陷於心理折磨及理不清的情感糾葛中，更容易讓情緒動盪、不穩定。無論他人的一言一語、或一笑一皺眉，他都可能會過度解讀，特別是對別人敵意的解讀和判斷。

因此，本章我特別針對在情感關係中的低自尊者常出現的特徵、行為及反應，來加以解析。讓我們共同了解，自尊偏低時，在情感關係中的自己容易面臨什麼樣的困境，以及常發生哪些困擾，該如何幫助自己或對方走出這個泥淖。

11 對關係過度焦慮，形成惡性循環

越容易焦慮的人，越想要試圖控制。如果我們想控制的，是另一個人的反應，那就更容易讓自己陷落在焦慮之中。

自尊偏低者由於不太相信自己深具魅力，因此在關係中，時常覺得自己黯淡無光，乏善可陳。若有人關注到他，反而會讓他時時刻刻提心吊膽，害怕自己「不配」及「醜陋」的真面目會被對方看穿，到時一定會被嫌棄而遭受拋棄。令他更害怕的是，對方到底會如何看他，又會如何評價他？想到這些問題，就足以讓低自尊者整個人焦慮到要崩潰了。

如果低自尊者收到邀約，他會花許多時間在考慮穿著打扮上，並覺得自己穿什麼都不對。穿這樣可能會被認為太胖、太輕浮，抑或不夠有品味；髮型也是，頭髮

該抓髮蠟，還是應該吹整一下？這些細節和諸多選擇，實在非常困擾他。

不論是天生和後天的因素，女性會更加關注細節，也非常在乎他人眼中的自己是否完美。因此自尊偏低的女性更容易在約會之前，用了好幾天的時間不斷地嘗試各種造型、打扮，也會十分焦慮到底該如何和對方談話、應對。

對於一般的社交往來，自尊偏低的人也會深受其擾：自己究竟該說些什麼話題？該怎麼介紹自己？該如何表現大方得體？所有言行舉止的拿捏，對低自尊者來說，都難以確信自己能掌握得當。低自尊者總是讓人感受到他在焦慮，但又深怕別人看出他的焦慮，因此常常弄得自己進退維谷，反而更證實了自己的不足，深陷在恐懼之中，讓關係陷入惡性循環。

當最愛的那一點，成為兩人的分歧點

建成正是一個這樣的人，他在公司裡常常感覺自己的一言一行，都無法得到同事與上司的肯定，但他又特別希望能夠獲得別人的認同，所以對人特別溫和、順應，凡事總戰戰兢兢，一刻不得鬆懈，以致於每天下班後總是精疲力竭，覺得自己快要無法負荷壓力。

當新進同事筱芬到來時，建成第一眼看見筱芬，就感覺自己被她那份自信、耀眼所吸引。於是，建成非常希望筱芬能注意到他，在她還沒有發現自己「真面目」前，能給她一個好印象。所以，建成在筱芬面前，總是特別表現自己最優秀的一面，也鼓起勇氣展現自己。這份用心的確也讓筱芬接受了他的追求。

但是，好景不常，當兩人真正交往之後，建成開始對筱芬的耀眼感到不安，開始希望能約束她的表現，好讓自己不至於在她面前相形見絀。尤其當筱芬的工作表現受到同事、上司的肯定時，建成的心中更加不是滋味，總覺得自己被比下去了。當初吸引自己的那份耀眼和自信，在交往之後，反而成了建成的眼中刺，讓他很不舒服，甚至覺得筱芬是故意在自己面前炫耀，來突顯他的不足。

筱芬也感覺到當初追求自己時的建成，和真正交往後的他，像是兩個不同的人。她不懂一個人怎能像充氣的皮球一樣，本來充滿了活力與優點，卻頓時像消了氣一般，變得毫無活力。

但當筱芬向建成吐露兩人的不合適，想要結束關係時，建成就拒絕面對問題，以不回應做反應。甚至，後來用更偏激、憤世嫉俗的言語，攻擊筱芬，說自己早就預料到這一天，她果然就如同所有人一樣，打從心裡瞧不起自己。

這種因為認為自己不夠好，不斷數落自己，導致自己在關係中更加焦慮，隨時隨地都恐懼及抗拒被另一方嫌棄及壓制的心態，讓低自尊者的心理深處，更加雪上加霜，造成自己在感情中無限循環的痛苦。

修復自尊

讓別人是別人，讓自己是自己

任何人都希望透過每一段關係，讓自己更好；也希望因為自己，讓對方更好。但若在關係中，有一方是低自尊者，那關係就容易陷入一種無盡比較、攻擊的循環，相互傷害。

因此，低自尊者要先學會安頓內心「覺得自己不夠好」的焦慮，也要以尊重的心，接納對方的互動及回應。如果低自尊者一直否定自己，就等於一直在否定對方的選擇，像是告訴對方：「你看錯人了，你喜歡錯人了，其實我很糟糕」，這就會造成兩敗俱傷，和自身無盡焦慮的惡性循環。

焦慮不安，是我們面對陌生情境時會出現的情緒反應。雖然在面對某些情境時，我們確實會無法抑制的焦慮，但這並不代表自己沒有因應或面對的能力。**請停止將兩人關係災難化，或往負面發展的想像，保留自身的情感能量，灌注在彼此共度的每個歷程中。想像不是一種控制情況的方式，這只會讓你更恐懼。**

低自尊者出於害怕被他人傷害的心態，當需要與別人相處的時候，心理的防衛機制就會活躍地啟動。請謹記，「讓別人是別人，讓自己是自己」，不要以為自己都知道，別人的觀點或感覺。好好地認識及聆聽別人的想法，比不斷關切自己是否犯錯，更能讓你體會真正地放鬆。

給自己力量

如實接納他人，自己也會被接納

焦慮感，是出自害怕自己無法承受或無法面對的不安及煩躁，所以越容易焦慮的人，越想要試圖控制。但如果今天你想控制的，是另一個人的回饋、反應、情緒和想法，就更容易讓自己陷落在難以控制的焦慮中了。

你需要學習的是，真正地去面對：每個人都有不同的反應和對於情感的態度。「人」非「物」，也不是死板的數據公式或程式，不是你希望怎麼設定，別人就會依照設定，表現出你想要獲得的結果。

若你越想控制別人的反應，越會在超乎預期的反應中，讓自己感到無力和驚慌失措，於是更害怕面對那些「不受控」的人們，更想逃避或拒絕接觸。

請試著好好地認識每一個人，就如同你好好地認識自己一般，不必太依賴既定的相處模式，而是實際地從和每個人的互動中，真實地了解他們的特質和性情。當你用開放的心態去接納別人，也會發現，每個人也會如實地接納你、愛著你。

Shift Thinking

好好了解別人的想法，比不斷關切自己是否犯錯，更能讓你體會真正地放鬆。

12 把他人回應，當作對自己的負評

若我們總是想從他人的回應中，聽到符合自己期待的言語，那只是折磨自己，讓自己難受而已。

在任何情況下，當自尊偏低的人聽到一句批評（其實只是建議或個人評語），即便是具有建設性的評論，聽在他們的耳中，都宛如致命的打擊和羞辱。

低自尊者的內建翻譯系統，是一個比較容易儲存負面否定及批評話語的資料庫，他們聽不出他人客觀的意見或觀點，追求的是完全的讚美或肯定。注意！是完全的肯定（當然這是非理性的）。如果你先讚揚低自尊者，再加上一點兒意見，他們也只會接收到負面的評語，而聽不到先前的肯定和讚賞。

對於溝通，自尊不穩定的人有個有趣的心理現象，好像他們腦子裡裝了一個篩網，會很快地截取出他們想聽到什麼，不想聽到什麼。除此之外，當他人只是在表達自己的觀點或感受時，他們的內建翻譯器，也會毫不猶豫地認定這些評價就是在否定他。

被人糟蹋的一片好心

王家夫婦剛新婚不久，正在適應兩人共組的家庭生活。王太太從小一直有個「完美家庭」的願景，常浪漫地想像兩人共進晚餐、享受甜蜜愉快的恩愛世界。於是，王太太常常興致高昂地看著食譜、料理節目，希望自己能成為一位在廚藝上令丈夫滿意的妻子。雖然她沒說出口，但心裡總是期待丈夫能滿懷感激地對她說：「我真是三生有幸，娶到你這麼完美的妻子。」

某天，王太太終於要親自下廚料理，雖然都照著食譜做，還是讓她手忙腳亂了好一陣子。她不願意讓丈夫幫忙，一定要自己親手完成這重要的第一次晚餐。

終於在經歷了兩三小時後，滿滿的料理上桌了：拌著特調醬料的生菜沙拉，紅燒豆腐和乾煎鮮魚，她還特別燉了一鍋熱騰騰的營養湯品。王太太此刻滿心期待能得到丈夫的讚美，急著要他動筷子先嚐嚐味道。

對於太太的用心準備，王先生也充滿期待。在他吃下第一口時，發現味道太淡，魚肉好像沒熟，所以就直覺地問：「味道淡了些，咦……魚肉是不是沒熟？是不是煎的時間要再久一點兒啊？」

王太太聽了，立刻變臉，沒好氣地回：「怎麼可能！你亂說，我照食譜的時間煮的，這樣魚肉才不會太老太難吃，是不是你不懂魚怎麼煮才好吃啊？」

王先生被反駁的同時，也感到妻子的不悅。他馬上辯解：「我長這麼大會沒吃過魚嗎？有熟沒熟我還分不出嗎？只是說一句實話，你有必要不高興嗎？」

他們都覺得自己被對方挑剔和否定，也很生氣對方為何要這樣破壞關係。最後，餐桌上只剩下冷掉的料理。連晚上睡覺時，兩人都無法再跟對方多說一句話。

在這一連串的互動過程中，我們可以注意到，一開始王太太就有所期待，覺得自己「應該」要得到丈夫的讚美和肯定，顯示自己的心意和付出有被看見。

而王先生在陳述主觀的事實時，並沒有想否定、批評妻子的意思，他只是想把事實說出來，讓妻子得到確切的資訊，知道以後料理時可以調整之處。但當王先生認為自己在真心回饋、陳述一個主觀事實時，為何王太太卻覺得很失望和挫折，並覺得自己被丈夫否定了呢？這其實是一個有趣的現象：**當低自尊者面對任何他人的意見或觀點時，都會視為是自己不夠周到、不夠完美的證據。因為自己沒有得到預期的稱讚而感到失望及挫敗，所反射出的攻擊和怒氣。**

因為低自尊者太想趨近完美（全好）的心態，以致外人一點兒小意見，或不同觀點，他都會視為是自己的瑕疵被對方否定及挑剔（全無）。因此，低自尊者時常禁不起真心回饋的態度，讓別人覺得他根本沒有想聽真話，只想聽讚美、好聽的話而已，造成關係中溝通的隔閡。

修復自尊

表達，是為了交流感受

當別人給予建言、評論時，我們不必去刻意放大他人所表達的觀點和意見，更不用試圖以負面解讀。別忘了，每個人都有自己的主體性，有自己的感受和想法，沒有人可以說出完全符合另一個人想聽到的答案或回應。

若想從他人的回應中，聽到符合自己期待的言語，那不僅是一種控制欲，更是一種不尊重他人的行為，同時也是折磨自己、讓自己難受。

如果知道自己對事情的回應和回饋有所期待，就試著向對方直接表達。想要對方看見自己的付出也好，想要聽到對方肯定自己的努力也罷，試著向對方表達，不要用壓抑及等待的方式，期待對方照著自己渴望的方式回答及回應，那會帶給自己一次次的失落及挫敗，讓自尊不斷受損，對關係的營造也無益。

當我們因羞恥、受挫而直覺想發怒之前，告訴自己：對方表達的目的，不是為了讓你受挫，而是試圖讓你了解他的想法，及知道他的感受。你可以嘗試傾聽有建設性和客觀的見解，而不必防衛性地認定對方是在否定你、攻擊你。

給自己力量

練習與不同的思維共存

對於低自尊者來說，因為一心想翻轉內心「覺得自己不夠好」的感受，也想證明自己是一個值得被愛、被喜歡的人，因此會不自覺地強化他人所表達的言詞。對他人而言，其實只是在表達自己的觀點、感受，但只要不符合低自尊者的預期，他就會認定別人不認同自己，或攻擊自己，而無法把別人的建議或觀點，視為如實的論述。其實這些話，並不意謂著自己就是被否定的、不被認可的。

這種是非對錯的二分法及黑白對立的思維，往往讓低自尊者在世上活得非常辛苦及費力。若想證明自己是對的，就表示要拚命認定別人是錯的；若是認為別人是對的，就拚了命地指責自己為錯的，而無法讓彼此好好地共存在這個世界。

讓我們練習與不同的人、不同的思維共存。無論這世界存在著多少差異，有多少衝突的想法或念頭，每種人、每種思維都真真切切地共存其中。當我們允許自己的想法和感受存在時，必須承認別人的想法和感受也同樣存在。你不必企圖尋求同樣的聲音，才認為自己被認同。

Shift Thinking

你不必企圖尋求同樣的聲音，才認為自己被認同。

13 過度承擔，時常背負罪惡感

把外界事務簡化成「都是自己的錯」的單一思考，等於是在找「代罪羔羊」，卻無濟於事。

因為身處關係的焦慮感，與人我界線分化不清等情況，自尊偏低的人常會將別人生活的不順遂及人生問題，當成自己的責任。他們認為如果自己夠好或有能力，那麼對方一定不會遇上這些問題或麻煩，可能就不會有那些不幸的遭遇；甚至認為別人的不愉快，全是自己沒有將對方「照顧」好，才使對方如此難受。

極度自卑的低自尊者，很容易將外界的問題往自己一個人身上攬，習慣單一地歸因為自己的錯。因此，他們很容易說出這些話：「都是我不好」、「對不起，請你不要生氣了」、「原諒我好不好？我下次不會了」……

害怕自己不是一個好人

碧如是一位全職家庭主婦，她把全部心思都放在照顧一家大小的生活起居上。她總是把家裡打掃得一塵不染；只要家人喜歡吃什麼菜，就算她本來不會的，也會使命必達地去學會那道菜，只想得到家人的肯定和認同。

但是，就算碧如那麼費盡心思照顧家庭，她心中也總是惴惴不安，老是感覺自己整日在家，家人一定覺得她很沒用、沒賺錢、沒生產力，連她自己也無法認可自己是否是一個「好太太」、「好媽媽」。

這樣的不安感，如果再加上孩子因為課業壓力而煩躁，或是丈夫因為工作問題而受挫時，碧如更是無法輕易饒過自己。她內心會不斷地自責，覺得自己格外無用、失職，連為孩子、丈夫分憂解勞的能力都沒有，孩子和丈夫心中一定也覺得自己幫不上忙，只是他們沒表達出來罷了。

甚至，碧如會不斷懷疑自己一定是命中帶煞。孩子因為有了自己這樣的母親，才會課業不如他人，學校生活不順利，丈夫肯定也是因為娶了她這樣一個無用的老婆，才會升遷不順利，事業無法飛黃騰達。她甚至曾經想過，若是這個家的女主人不是自己，那麼或許他們過得比現在都幸福、快樂。

這些自責和咒罵，無時無刻不折磨著碧如，因此她只能更殷勤地討好和順應家人。因為她深深害怕著，有一天，當丈夫或孩子無法忍受自己的無用時，是不是就會拋棄她？她又想：還是我自己主動離開算了？

修復自尊

請容許對自己慈悲

在情感關係中，雙方都要身心安穩及健康，彼此才能真的感受到親密和幸福。

若時常苛責自我，不僅會帶給關係中的另一方負擔，也是將自己放在不斷自我否定的傷害中。所以，無論如何，試著安慰及關懷自己的內心，學習鼓勵及肯定自己的方法和話語。當自己安心了，關係才能安穩。只有我們了解自己的價值了，才不會嫌棄自己，不再將「覺得自己是麻煩」的感受投射到關係中，誤解別人對自己的觀感。

在關係中容易自責的人，都是擁有極高道德標準、極高自我期待的人。

他們時常在別人都還沒說出什麼不妥或意見之前，就開始審視自己，甚至審判自己，習慣性地將自己定罪，強烈地怪罪自己。

這樣的怪罪及自責，其實也是出於對自己的羞恥感所致，因此，我們務必要坦承面對這份莫名的羞恥感，與自己和解、和好，放低對自己太高的道德期待及嚴苛的標準，容許對自己慈悲。

在人我關係中過分的自責，常常都是來自我們想像中的罪惡感。其實他人並無任何怪罪的意思，或僅是針對當下事實的反應，都可能勾起對自己的無情指責。

因此，低自尊者首要學習的是：實事求是，以及學習將情緒分化。

學會認清對方所反應的事實，是否如你想像中的「指責」？然後，允許別人可以擁有他的情緒感受和反應。試著針對事實去做合適的反應與理性討論，而不是無限擴大對方的反應，再加上自己的誇大渲染和自我怪罪，如此，我們才能減少讓自己沉溺在無邊無際的罪惡感中無法自拔。

給自己力量

你不必承擔這一切

習慣性的自我怪罪者，要減少把外界事務簡化成「都是我的錯」的單一歸因思考。這種缺乏客觀因素的思考，等於是在找「代罪羔羊」。而「代罪羔羊」的思考本身，意謂無視環境中的失誤，並無真的去探討挫折及產生問題的根源，僅僅透過一個「替身」的受罪及受苦，想轉移真正需要面對的真實問題。

請試著了解，每個問題都是在複雜且多元的問題下共構而成，並非透過簡化成「是我的錯」，就能減少真實問題及困境的發生。把自己做為受害的替身，既不會讓別人好過或情緒好轉，這種過度自我犧牲，也不是獲得自我價值的好方法，反而容易在自我殘害的心理運作中，深陷憂鬱。

Shift Thinking

請容許對自己慈悲，放低原先太高的道德期待及嚴苛的標準。

14 即使在群體中，仍感到孤立

若我們在過往的人際關係中，曾經歷過一些挫折，就會排斥再孤身進入人群。

因為自尊偏低的人打從心底不夠喜愛自己，因此常認為自己是群體或他人不喜歡的對象。如果再加上內向及消極的態度，在群體關係中的低自尊者，就容易顯得退縮、被動。他們要嘛等著遇到非常開放及外向的人，來主動認識他們，與他們接觸；要嘛就在一整場聚會或活動中，沒有開口說任何一句話，也沒有認識任何一個新朋友。

低自尊所造成的自我排擠效應，是他們沒有意識到的潛意識反應。由於常為自己不夠好的地方感到羞愧，因此便會害怕進入群體中，擔心會成為別人嘲笑或攻擊的對象。低自尊者可能因而說服自己：因為自己是獨行俠，喜歡獨來獨往，或是喜歡獨自一個人時的安全感，所以想遠離群體。

其實，這是因為低自尊者在過往的人際關係中，曾經歷一些不如意及挫折的經驗，並且放大了那些受挫的感受，強化了那份恐懼及焦慮，因而非常排斥再孤身進入人群中。他們認定只要進入群體中，必定會遭來一群強勢而霸道的人的欺負和輕視，到時一定會發生不可承受的羞辱。

由於不確信自己能否應付群體的反應，再加上低自尊者所想像的情況多屬負面的、惡劣的、戲劇性的災難，因此，他們很難在群體中感到安心，也難以覺得自己可以自在地被歸類於任何團體之中。

社交孤立的人生困境

莉莎時常覺得很孤單。她深信在這個世界上，沒有一個人在乎她。她眼中的別人，都是一個個只在乎自己的自私自利鬼，沒有人願意聽她說話，也沒有人樂意關心她，更不用說喜歡她了。

事實上，莉莎有好幾次被邀請去參加團體聚會或社團活動的經驗，但每當她好不容易出席了，就發現整個過程中都沒有人來招呼她，和她聊天。當初邀請她的人，也都自顧自地去社交或玩耍了。每次遇到這種狀況，莉莎都會覺得很生氣，邀請自己來參加的那個人不就應該帶她去熟悉這個團體和其他成員嗎？為什麼都放她一個人，讓她覺得好尷尬，覺得自己好蠢。而且她相信，一定有人看出她的蠢樣，正在笑她。

有幾次，莉莎遇到有人主動走過來，但不知道該和對方說些什麼的她，只覺得自己手心冒汗，眼神不知道要看哪，表情也好僵硬，笑得很勉強。不知道是不是因為別人覺得她好無趣，沒聊多久，他們就去找別人聊天了。這讓莉莎好挫折，不由得對自己感到氣餒，深深覺得自己根本不適合參加什麼團體活動，也不要再相信什麼「參加社交活動，打開人際關係」的鬼話了。

莉莎不知道她一直只在意自己反應的習慣，讓自己很難真正地關注別人的談話和反應，所以總是無法知道如何和別人產生共鳴，以及如何正確地和別人建立友善的關係。

僅止於表面的傾聽，其實並不是真正的傾聽。不是讓對方滔滔不絕的談話，就

等於是在傾聽他人和建立關係。

莉莎對於如何和人建立關係這件事實在太陌生了，又常受困於太在乎自己的表現和反應，以致不論自己怎麼嘗試，還是覺得和別人、團體格格不入，總有種自我抽離或被他人切割的感覺。

於是，莉莎老是覺得自己好孤單，面對許多的生活壓力，身旁根本沒有能支持及在乎自己的人。她的心裡空蕩蕩的，好像自己住在一個沒有其他生物存在的星球，但偏偏在地球上那些令人煩惱的事物還是擺脫不開，讓她覺得活得好煩、好累，也覺得自己好無辜，為什麼要留在一個跟自己完全無關的地方，賴活著呢？

修復自尊

換到別人的位置看世界

如果我們在群體中不時感受到自我被孤立，就要學習真正和別人互動及建立關係的技巧。試著拋卻太關注自己的習慣，稍微離開自我中心的位置，換到別人的位置，認識及體會別人喜歡什麼、興趣是什麼、究竟在聊些什麼。

其實，低自尊者皆有非常傑出的「專注」能力，只是過去都把這份「專注」放在自己身上，去看自己是否很糟、很蠢，但這也是非常在乎自己的表現。如果，你可以稍微把「專注」的能力放在認識另一個人的樣貌及表現，就是一個促進關係的很好開始。

我們之所以會孤單，就是覺得不論身旁有沒有另一個人，都感到只有「自己一個人」的存在，所以才會「孤」、「單」。

如果你可以開始了解到，沒有人是真的獨存於世，這地球上的人口何其多，不只人類，其它生物的物種更是數都數不清，這世上怎麼可能只有你自己一個人呢？那是出自一種封閉自我的觀點和眼光，也代表你對其他人和其他種生命沒有興趣，才會感到孤單。

因此，你需要試著抬起頭來，看看這個世界。練習看見這世界的色彩，或其他生物的面貌，才不會一直看見黑暗的封閉空間，只有你自己一個人而已。

當你覺得別人在對你評頭論足時，可能會認為他們在嘲笑你，或說你八卦，讓你很不舒服，但這也可能是他們對你有興趣地表示。去注意他人對你有興趣、有反應的部分，但不要過度關注及放大他們的遣詞用字，畢竟不是每個人都懂得說話的藝術，這部分我們可以給予對方一些寬容的空間。

最重要的是，改變你的內在意識，停止強烈認定自己是一個極單獨、孤立的存在，那是防衛自己不要受傷，拒人於千里之外的方式，卻不是個客觀存在的事實。

給自己力量

練習和別人產生「連結」

不讓自己孤單最好的方法，就是練習去和別人「產生連結」。也許是從興趣產生連結，也許是從喜好產生連結，或是從話題產生連結。

這世上，沒有任何一個人會和另一個人一模一樣。每個人之所以獨特，就是因為他有自己獨立的思想和情感。因此，不要期待能找到一個和自己擁有完全相同想法和感受的人，自己才不會孤單。

接受人生本來就是孤獨，卻能從孤獨中體會和另一個不同於自己的人產生連結和共鳴，這就是「關係」的意義。

若我們將大部分的時間花費在擔心別人的評頭論足上，而不是用心在體會自己的生命經驗，那麼不僅會失去感受每個當下的「真實體驗」，還會讓自己的內心處於巨大的空洞中。若無法感受到那份由內而外支持自己探索世界的安穩力量，我們會錯過生命中太多感動及領悟的時刻。

Shift Thinking

人生本就孤獨，卻能從中體會和另一個人的連結和共鳴，這就是關係的意義。

15 經常處於怕做不好或說錯話的壓力中

我們往往將許多做人做事的教條和標準，刻印在自己的大腦裡，不斷對自己耳提面命，唯恐自己被同儕或社會排擠。

低自尊者之所以自尊偏低，因為他們心中有許多教條和標準，可能是小時候不假思索就放進心理系統的大人標準和規範，例如大人說的：「做人就是要和善、要體貼」，或是「不要自私自利，多為別人著想」……等等。

小時候，由於孩子都需要依賴大人的照顧和給予，才能獲得生存上的支持或資源，因此為了要得到需要的、想要的，大部分的小孩都會選擇做一個符合大人規範、標準的聽話乖小孩。

有一些孩子，即使在缺乏父母關注及照顧的情況下，也會仰賴著老師或書本上的教育，透過學校體系來讓自己成為會被社會接受的人，因此，會不假思索地將師長或書本教的做人做事的道理，刻印在自己的大腦裡，不斷對自己耳提面命，唯恐自己被師長、同學或社會排擠。

無論是來自原生家庭或是學校體系的影響，這樣成長下的孩子會不自覺地習慣檢視自己，不斷檢討自己有沒有做不好、有沒有做錯。

他們從很小開始，就活在每天被糾正的環境裡，甚至可能每天都被父母唸：「你要好好檢討自己是不是哪裡做得不夠好」，不然就是希望他們把「一日三省吾身」的精神銘記在心，以為這樣做才能養育出一個好小孩、乖孩子、好學生。於是，孩子沒有建立起對自己的信心和自我值得被肯定之處，只能在反覆懷疑自己、質疑自己作法的過程中長大成人。

然而，低自尊者的檢討並不是真正的檢討，因為真正的檢討，只要好好進行一次就夠了，真正重要的是改善，及知道自己接下來要怎麼做。

但是他們的檢討只是不停反覆批評和否定自己，往往不知道接下來究竟該怎麼做。只是習慣性在反覆檢討和糾正過程中，數落自己和不相信自己也有值得嘉許之處，就像是過去父母和師長對他們的「教育」一樣。

可想而知，因為內在的檢討聲浪，讓低自尊者的日常中充滿了痛苦和惶恐，幾乎沒有心安理得的時刻，甚至是種奢望。在他們的認知裡，「心安理得」也許會被解讀為「自滿」、「驕傲」及「不知上進及反省」……等等的評語；短暫的心安，使他們更加畏懼自己是不是一個不知改進的自負之人，甚至，認為自己沒有資格安心地生存於世。

所以，低自尊者心中的千萬把量尺，常把自己壓制得喘不過氣，也體會不到接納自己的安心感究竟從何而來。

過度檢討自己的疲憊人生

千優，就是這種不自覺將「一日三省吾身」內化的人，甚至有時對自己十省、百省也不厭倦。

千優常常在結束一個階段的工作、社交活動後，就不由自主地反覆回想，剛剛自己是否表現得體？有無出錯？然後細細回想每一個與人互動的細節，說過的每一句話、每一個字。有時，越想越覺得自己一定錯誤百出、非常失當失禮。每一次回顧後，千優不是對自己某些舉動感到懊悔，不然就是後悔說出口的言詞，從未給予自己肯定的回饋。

事實上，千優在人前真的如此不得體嗎？其實並沒有，但是在她心裡總是無法肯定自己，回想中的自己總是糗態百出、一無是處。

如果聚會中，有人不經意地跟千優開個小玩笑，表面上她會跟著大夥一起談笑，但內心裡卻是惶恐莫名，甚至手足無措，覺得自己一定是表現不好，或為人失敗，不然別人怎麼會這樣說她？又怎會這樣話中有話地嘲諷自己呢？

這種和他人相處不愉快及尷尬的感覺，讓千優常常急於想要逃離社交場合。即使她離開後，也總擺脫不了和人接觸後，那滿心的後悔和懊惱。

即便只是遇到日常生活中的小事，千優都會如此不停地檢討自己。她越期望自己能夠面面俱到、得到別人的肯定和認同，越感覺自己處處不是，沒有一件事做對、做好的。她的生活裡充滿了讓自己為難和無能為力的事，所以老是心神不寧，終日惶惶不安，讓自己活得好疲憊、好費力，也好無奈。

修復自尊

不要責備努力過的自己

檢討，是好好從待人處事的客觀事實中，做出有建設性地省視和思考。

但許多人所謂的檢討，其實像小時候被長輩、父母責罵的過程，反覆地挑剔和責備，以及不停地謾罵和否定自己，卻沒有任何有意義的討論和建設性的回饋。

若想修復自尊，請開始練習有意義地回顧和討論，把重點放在「我怎麼做下次會更好」的結論反饋，而不是讓自己淪陷在反覆揪錯和指責的否定漩渦裡。

內在所建立的道德觀和倫理觀是我們自律和自持的基礎，也會形成我們做人做事的價值觀。但不要以道德觀和倫理觀做為鞭斥自己的教條，深怕自己一旦違反內在的道德和倫理標準，就是十惡不赦的大罪人。

讓我們練習和自己對話，真正理解自己內心的思考歷程及觀點。請進行理性的「反思」，而不是非理性的「責備」。

對於人我關係，你從小到大可能有一種誤解，就是以為自己要成為聖人或完美之人，才會被人接受或不被討厭，所以你總是努力要自己改正錯誤、檢討所作所為，然而，這是一種非理性的想法。即使身為聖人或傑出的人，也可能引發少數人的不滿、批評。

即使你滿足了某些人的需求或期望，也不可能得到全面性的事事周延、面面俱到，這是完美主義下的自我懲罰和折磨，也是造成低自尊不斷循環的根源。

你只要做到自己做得到的地方就好，相信自己在那個當下已經盡力、努力過了；即使想改善，就耐心地等待下一次機會來時，再努力看看，不必陷於反覆自責的負面情緒之中。

給自己力量

練習，放過自己

放過自己，是你需要為自己練習的。你曾經以為只要不輕易地放過自己，把自己逼到盡頭、逼到懸崖，就能逼出自己的潛能、逼出自己的蛻變，卻沒注意到，往往潛能沒被逼出來，卻先被焦慮不安和無盡的挫折擊垮了。

希望自己使出全力、拚命努力，是源於害怕自己不夠好的心念，才會以「不停努力」來掩藏這份焦慮。如果你相信自己夠好，就能在這基礎上，抱持著開放的心，帶領自己嘗試新的可能，而不是以一種害怕落後或能力變差的心態，給自己無盡的壓力和逼迫。這兩種對自己的方式，不僅會在努力過程中給予你不同的體悟，往往最後呈現的結果也十分不同。

相信自己夠好的人，會發現自己有更多的能力和做得到的地方，對自己更加自信和滿意。害怕自己不夠好及落後的人，會在努力的過程中帶著恐懼及焦慮，所累積在記憶之中的，只有痛苦及許多不舒服的感覺，反而品嘗不到自我肯定的喜悅。

Shift Thinking

做到你目前做得到的地方就好，耐心等待下一次機會來臨時，再用心改善。

16 因無助感，放棄對愛的努力與希望

我們有時會無意識地讓整個關係朝中斷或終結的方向前進，這是順應心中原先設定好的腳本：因為自己不夠好，最後一定會被別人遺棄。

自尊偏低的人，即使外貌和學習、工作表現並不差，但因為對於自我形象及觀感的執著，只要無法達成自己真正想要的樣子（理想化的模樣），就會陷入自慚形穢的悲觀中，鬱鬱寡歡。因為他們大多把注意力放在「覺得自己很糟」的感受上，不停地自我挫敗和自我否定，而不是把注意力放在學習如何改善、如何成功的方法上。**有些低自尊的人，可能不只放棄學習，還會強化「學習無用論」的信念。**

舉凡專家說的話、知識型文章，或是某些學習課程的影片，他們就算提起精神來看（他們通常看不完），看完的反應也會是：

「這些專家說得倒輕鬆。」
「我是不可能做到的。」
「他們說的，我早就知道了。」
「都是廢話，一點兒也無法幫助我改變。」

是的，低自尊者的低能量感，常常讓他們放棄自我學習的可能，也失去了學習動力。但他們心中的不安依舊存在，因此需要透過自我安慰、自我防衛的合理化說法來安慰自己——那些被人說出來、分享出來的知識或方法都是沒用的。

事實上，他們如何地批評和否定那些能幫助他們的人或方法，就等於他們如何地批評和否定自己有資格、有能力變得更好，或有機會能改善內心的低落及憂鬱。

即使低自尊的人身旁一直有為他們付出，以及努力為他們的情緒想辦法解套的人，他們仍會將內心對自己的負評和情緒，投射到外界的關係之中。

所以，低自尊者的情感和人際關係會出現不穩定的、負面的發展，和落入挫敗及攻擊的惡性循環中。直到本來在關心著自己的人，也因為被否定、批評、責怪及忽視，而漸漸失望、精疲力竭、無力地離去，漸漸從他們身旁消失。即使如此，他們還是看不見自己的無力感及否定態度是如何地破壞和損及關係，反而會有一種早知如此的態度，告訴自己：「走吧，走吧，早知道你們的關心和幫忙都是虛情假意、有利可圖，其實你們根本無法接受這樣的我。你們要離開就離開吧！反正我也只能接受，不然能怎樣！」

低自尊的人會不自覺（無意識）地讓整個關係歷程朝終結或中斷的方向前進，這是順應他們原先設定好的腳本：因為自己很糟、不夠好，最後一定會被別人遺棄及甩掉。所以，他們會無意識地擺爛、製造大麻煩、大問題、態度惡劣、防衛攻擊，也可能以自傷自殘讓他人承受不了這些情緒壓力，而必須離去或逃開。最後，他們就會因為獲得了「早知如此」的結局般而洩氣及憂鬱，同時也感到更加崩潰和抓狂。

不斷成為感情戲中的悲劇主角

易廷對感情關係的需求總是很矛盾。他明明非常渴望得到一段真實的親密關係，但心裡或口中冒出的話卻充滿了對於他人的否定與批評。

易廷也曾經有過幾段戀情，但每段關係一開始，他內心就不禁開始倒數結束的時間。因為易廷總是覺得沒有人會真心喜歡自己，留在他身邊，那些教人如何經營親密關係的書籍，都是一些菁英份子的空言。那些作者、大師都是廣受大眾歡迎的人，談起經營人際關係之術，當然頭頭是道、輕鬆容易。

在雙方開始交往後不出多久，易廷就會表現出對於情人的不信任：他不信任對方有多愛他或喜歡他，也不相信對方會在自己身邊停留多久。他對於感情的悲觀和消極，以及態度上的反覆無常、若即若離，總讓感情中的另一個人感到莫名其妙，壓力很大。

但是，只要對方想要和他面對面地談清楚，易廷就會閃躲，或是不置可否，一副談再多也無益的態度。最後，每段感情總是不了了之，到底怎麼結束的，他自己也無法確定。

那種不明所以，就結束一段感情的感覺，總讓易廷一直停留在悲劇的角色裡。這讓他又可以反芻過去那種被拋下、被遺棄的感覺，再一次地告訴自己：「唉……感情中說得再好聽的話，到頭來也只是狗屁。我無權無勢，又不多金帥氣，對方會離開也是早晚的。這終究是個現實又勢利的世界……」

修復自尊

給情緒一個「停損點」

在長期的負面情緒壓力之下，低自尊的人很可能會罹患憂鬱症。他們不斷地自我否定，也會導致大腦的情緒調節功能損害及失衡。因此，部分低自尊者會有罹患憂鬱症及焦慮症等心理疾患的可能。如果因自尊偏低而影響自我的情況已到達病理的程度，就需要精神醫療和心理治療的雙效協助，才能真正地幫助到自己。

即使沒有發展到身心生病的地步，自尊障礙情結嚴重的人，也會因為對關係的無能為力，對交往對象更加被動、消極應對，並習慣以負面的眼光看待他人。

如果你是憂鬱又無助的低自尊者，需要先調整長期習以為常的自我評價方式。不論是過度地挫敗自我，還是因過往失敗的經驗而深陷在自我否定的情緒中，都需要給自己一個「停損點」。

你必須深刻了解，過度地貶抑和羞辱自己並不能改變什麼，試著啟動理性，不要受到自毀性的情緒支配，而完全放棄自己的人生。

希望「有個人全然地愛你、喜歡你，即使你以再壞的態度對他、把再大的麻煩留給他，他都願意留下來，才證明是真愛」，這種想法是不成熟且非理性的。

這種想法不僅把關係中的對方物化或神格化，視為「非人」，還是以妄想的方式拒絕兩個人的真實接觸。若你也無法成為一個這樣愛自己的人，為何要把這樣理想化的期待加諸在任何人身上呢？事實上，你真正要和解的，是和自己的關係，這才是一切關係的基礎。

給自己力量

拋開對感情過度理想化的期待

希望一個人全然地、無條件地愛你，這樣高門檻的期待，其實是徒增自我挫敗的歷程。如果再不調整這樣的高標準，無疑是持續地僵化及陷入自己「沒人愛」的負面想法和憂鬱情緒。

愛，是需要符合客觀現實，並且具有「人性」的。世上大部分的人都在為自己的人生而努力，在自己行有餘力的情況下，才能給予其他人關愛及支持。

在自我健全的情況下，感情中的我們可以相互支持付出。沒有一個人的存在，是為了供應及負擔另一方的依賴。以依賴及無限索求來獲取感情，不僅會讓自己活在恐懼失去對方的不安中，彼此也無法建立真實親密的關係。

Shift Thinking

我們真正要和解的，是和自己的關係，這才是一切情感關係的基礎。

17 把別人的拒絕，視為輕視和否定

「拒絕」之所以令人難以接受，是因為我們覺得：如果你斷然拒絕我，就等於在說「我們沒關係」，或是「我不在乎和你的關係」。

我一直強調，低自尊者的特徵主要會反應在對自己的感覺很負面，以及懷疑自己的價值上，因此，他們很容易認為別人是不喜歡他的。

他們會從對方的表情、言行舉止及說話態度，偵測到那些自己「被討厭」或「被排斥」的訊號和線索，並且把自己的斷定視為敏銳的「直覺」。而在諸多別人的反應和行為中，他們最快感到自己被否定及被討厭的證據之一，就是被拒絕了。

「拒絕」之所以令人難以接受，是因為在重視人情關係的社會裡，「有關係就等於沒關係」，也就是說，因為我們產生了關係連結，很多事情辦起來就沒那麼困難及阻礙了。

所以，如果你斷然拒絕我，就等於在說「我們沒關係」或是「我不在乎和你的關係」，這對自尊偏低的人而言，是很嚴重的打擊。

因為對他們來說，這等於驗證了心中預先的種種假設：「我是一個不被重視的人……天啊！我怎麼做人這麼失敗？那些人怎麼可以這樣對我？」

反應不如預期，就備感否定

如果要說俊生最害怕的事，那莫過於自己的提議被否決。無論是對於朋友之間出遊的提議，或是他希望女友能為自己做些什麼事……非不得已的情況下，俊生絕不開口。如果俊生開了口，卻被對方拒絕或有所建議，都能立即讓他惱羞成怒，認為對方排斥自己，或是故意反對。

尤其是每次與女友約會前，俊生會體貼地做了許多安排和計畫，但無論任何小細節，他都不希望對方否定自己的安排或提出其他意見。

俊生最常對女友發脾氣的事，就是沒收到自己想要的回應，他厭惡這種努力後卻不被肯定的感覺，像是證明了自己內在那句迴響：「你以為你是誰啊，沒有人覺得你很棒！」

為了不讓這種煩人的聲音出現，俊生可以竭盡一切手段，迫使女友順從自己的意見。無論是大發雷霆，或者哀怨自憐，他都不在乎，只要換得回應和讚許就好。這樣看似控制的手段，其實是為了掩飾他心中那股揮之不去的自我懷疑，以及杜絕那種被人拒絕的感受。

即便是這樣的軟硬兼施，俊生也有碰釘子的時候。每當女友不願接受自己的安排時，對他就宛如天崩地裂般。他會對女友口出惡言，甚至不惜以自傷來要脅，弄得女友非常恐懼，也無所適從。

有一次，女友因為工作關係，無法配合俊生一同前往員工旅遊，俊生不但無法靜下來理解女友的苦衷，反而在被拒絕時，勃然大怒地用手搥打牆壁，故意傷害自己，使女友感到懼怕和威脅。

這不但讓女友倍感壓力、小心翼翼，還使得兩人的關係時時處於不穩定的狀態。她深怕不知道何時，俊生又會爆發不滿的情緒。

即使這段感情不斷經歷這麼戲劇性及情緒化的過程，俊生也不願面對失去女友的任何可能。因此，每次爭吵過後，他還是會主動示好，安撫女友。因為他更無法接受女友可能離自己而去的事實。

修復自尊

尊重自己，就是尊重別人

在情感關係中，低自尊者的高自尊需求，往往是讓人倍感壓力的原因之一。因為他們隨時都可能因為一句別人的不配合或拒絕，而惱羞成怒；也習慣以高壓及衝突的方式掌控情勢；或是以怪罪的受害姿態，來迫使別人為難及心生罪惡。無論如何，這都是破壞關係的因子，也使得感情發展每況愈下，漸漸朝向不穩定及激烈的情感糾葛中。

低自尊者，或是低自尊卻擁有高自尊需求者，都需要學著還給對方表達「拒絕」的權利。「拒絕」是一個人表達意願的選項，而不是一個否定你或否定關係的表示。這是需要分開來理解的，否則，在感情中的人，就會時常被對方的意願所控制及支配，而無法感受到在關係中的安穩、喜悅和自由自在。

一個擁有穩定高自尊的人，因為在心中把自己視為值得尊重的人，他也會樂於尊重別人。他在乎自己的意願，不喜勉為其難地配合，因此也較能同理及了解別人的考量背後有許多因素存在。

給自己力量

透過拒絕，了解彼此的差異

當你非常害怕被別人「拒絕」時，是因為你將「拒絕」等同於「拒絕你」。但這其實是完全不同的。

人們會因為很多現實的問題或情況，而必須「拒絕」他人。

例如：我們可能會拒絕一個提議、拒絕一個邀請、拒絕一個嘗試、拒絕一個點子、拒絕一個活動……在這些「拒絕」裡，都有許多各種層面的因素考量。人們都不喜歡勉為其難的感覺，也不希望因為自己一時的同意，造成難以承擔的後果，因此必須要審慎考量。

當你得知別人的「拒絕」時，如果你願意，可以試著了解對方為何如此考量，也試著了解彼此在同一件事上看法的落差，這些都能就事論事地了解到「拒絕」的緣由。

但不要將「拒絕」視為對你這個人的否定和漠視，那麼你會因為自尊的受損，而不計代價地想控制他人的反應，反而會讓對方失去對你的愛和尊重，造成彼此關係不可逆的損害。

Shift Thinking

被拒絕時，試著了解對方背後的考量，進一步了解彼此想法上的落差。

18 害怕失去所愛，禁不住善妒及比較

在好不容易獲得想要的感情後，我們就開始害怕有「小偷」會趁自己不注意，偷走「自己」的東西。

低自尊的人，或是低自尊卻有高自尊需求的人，容易在眼見別人的風光及成功時，對應到自身的缺憾或不足，因此在心理失衡下形成嫉妒。

如前文談過的，低自尊的人，怕失敗、怕輸、怕自己不夠好。低自尊卻有高自尊需求的人，會強烈地要贏、要爭、要獨占鰲頭。這種活在比較心態的情況，是他們從小到大都很熟悉的生活情境，甚至無時無刻都在這樣的比較中競爭。

為什麼自尊偏低的人會比較善妒呢？

這是因為他們太熟悉被別人比下去的感覺，也太熟悉面對自己的「不足」是什

麼滋味。

在生命經驗中，低自尊者常常會特別留意別人受到注目、愛護、誇讚、袒護及寵愛……等等令他很欣羨的場景，因此很容易覺得別人的成就得來全不費功夫。只有自己不管怎麼努力、堅持或付出代價，最終還是得不到想要的。那些人根本沒什麼了不起，卻得到那麼多好處，以及外界給予的關注及愛護，這世界真是太不公平。

在長久的失落及得不到的過程中，低自尊者的內心深處埋下了哀怨和仇恨，他們怨沒有人看重他們，沒有人待他們好。為什麼他們都要和人爭、與人搶，甚至付出許多努力和代價後，才有資格與人相爭，這讓他們覺得忿忿不平，也感受到這個世界的殘酷及無情。

如果，他們終於獲得一點點自己想要的部分（無論是關係還是成就），當然絕對不允許他人覬覦，所以必須嚴密地掌控一切，以防止有「小偷」趁自己不注意時，偷走了好不容易得來的「屬於自己」的成果。

善妒，因為害怕失去

思茹與丈夫結褵已經九年，這九年來，思茹每天都像一個靈敏的偵探一樣，小心翼翼地觀察，丈夫的交友狀態、手機訊息，甚至車子裡的副駕駛座，是否有著其他女人的味道。即使思茹的丈夫並不是什麼英俊小生，但在她的心裡，總有著強烈的不安全感，深怕丈夫會被其他的女性搶走。畢竟在她心中，丈夫觸目可及的女性，都比自己優秀許多。

思茹也覺得全力照顧家庭的自己，算得上是一位賢內助。只是她總覺得丈夫不夠重視她，因此常常懷疑自己是不是有哪裡不如別人的地方？而且她覺得外面的女人各個都是手段高明、覬覦別人老公的狐狸精。所以，她總是隨時留意著丈夫的一言一行，外出時有無多看其他女性一眼？工作上有沒有對哪位女性同事特別印象深刻？或是有沒有任何女性和丈夫有比較多互動的機會？

這一切的疑慮及嫉妒，弄得思茹精疲力盡，也讓她的丈夫覺得自己動輒得咎，彷彿必須隨時澄清自己的清白。當然，不論丈夫如何表明自己的清白，或是把所有通訊軟體都讓思茹過目檢查了，她心裡的嫉妒和猜忌還是沒減少半分。

漸漸地，思茹和丈夫的關係之中，只剩下許多的猜忌。兩人不是在爭吵不休，不然就是冷言冷語、互不搭理。即使兩人的感情已經烽火連連，思茹還是無法控制住心中的不安和莫名的妒火。

修復自尊

珍愛當下的所有

善妒的低自尊者，都是懷疑自己魅力和吸引力不足的欠缺自信的人。他們不是把能量放在如何成為一個自己認為更有魅力、更得人喜愛的特質上，而是把能量放在監控和嚴密偵測哪裡會有偷走自己幸福的人的枝節上。結果，每天把自己弄得精疲力竭，卻還是無法停止自己的負面想像。因為他們把能量用錯了地方，自然無法修復、改善內在自尊的情況。

而且，他們非常害怕輸給別人和失敗的感覺，彷彿那會遭人唾棄和鄙夷，所以極盡所能地避免遭遇這種經驗。

因此，當他們嗅到可能成為自己競爭者的對象時，就會開始自我防衛，並向對方展開攻擊或搞破壞。

倘若對方看起來不為所動，沒有因此產生任何退縮或害怕的跡象，便會激發他們更多的不安全感及憤怒感，非要對方認輸不可。

其實，低自尊者要留意的，是自己內在空虛的無價值感，以及害怕失敗、失去等問題的核心，而不是把別人都當作要搶自己東西的假想敵。

當我們因自尊偏低而出現善妒他人的情結時，其實真正要練習的是「珍惜當下擁有的一切」的功課，而不是以嚴密監控對待感情中的另一方。若出現這種行為，就是能量用錯地方的一種現象。

既然我們擁有自己所珍惜的人或關係，就要以溫柔的力量呵護和珍愛，而不是因為恐懼和嫉妒心，反把這段關係掐死、封死，把愛鎖死在一種失去自由空氣的密閉空間裡。

請注意，這是讓情感關係腐爛衰敗的前兆。所以，請學會珍惜和呵護你所愛的人，才不會使關係的品質消磨殆盡。

給自己力量

看見自己身上的光芒

在嫉妒的人眼中，很容易看見別人擁有著閃閃發光的東西，或別人身上耀眼的光芒，因此更容易看見倒映在自己身上的陰影，覺得自己黯淡無光。

若我們想建立自己的自尊基礎，就要懂得欣賞及肯定自己身上的光芒，而不是去追逐別人釋放的光芒。好好地成為自己這一顆鑽石，肯定自己的存在，你不必比別人的光芒更璀璨。停下「比較」的心理遊戲，每個生命的存在價值，從來不需要透過比較的方式才能獲得。與別人的良善之處共存，培養欣賞百花的能力，都能讓我們的內在獲得一種共好的平靜、安定。

Shift Thinking

好好成為自己這一顆鑽石，肯定自己存在的光芒，你不必活得比別人更璀璨。

19 別人總是很幸運，我就沒那種命

有時候，我們寧可羨慕別人就好，也不想激起企圖心和任何成就自我的動機，讓自己費勁地拚命。

如果每個人身上都有擁有和缺乏之處，那麼低自尊者幾乎都只專注在自己缺乏的一面，而看不見擁有的那一面。他們會完全否認自己擁有的一切，他們眼中看見的自己，就是一個貧乏的匱乏者。

但有些低自尊者性格較溫和、內向、秀氣，不會像易妒的低自尊者一樣，那麼具有攻擊性和敵意。他們只是會羨慕：羨慕別人的擁有，羨慕別人擁有許多好棒的部分，也羨慕別人的得天獨厚，輕易就能得到很美好的人生。

他們當然也希望自己的人生，有很多自己想要的美好和精彩，但他對自己的能力和才智沒有那麼看好，只好接受自己做不到的部分，以免心中不平衡。他們也會說服自己不要去爭，壓抑自己的企圖心。事實上，他們更害怕要爭、要搶時的衝突感，那會令身心很不舒服。所以寧可羨慕就好，也不想激起企圖心或什麼成就動機，來讓自己費勁地拚命。

相較那些拚命想滿足高自尊需求的低自尊者，已完全接受自己是低自尊的人，反而有種不再掙扎的認命感：沒有就沒有吧！他們心中會這樣說服自己，來習慣自己無法擁有，而別人總能輕易擁有的複雜感覺。

羨慕別人的成就，自貶身價

秀雅，人如其名，總帶著秀氣溫柔的微笑，和大家都處得很好。她時常正面誇獎別人，又懂得不搶別人風采，大家都非常樂於和她接近。但其實秀雅之所以會如此，是因為她眼中的所有人都比她優秀、出色，而她覺得自己身上什麼優點都沒有，如果再不夠親和，不懂得討人開心，搞不好就沒有什麼人願意跟自己做朋友了。

秀雅覺得自己的命，是大小姐身邊丫鬟的命，只能羨慕別人的風采和得天獨厚。她還會提醒自己，不要不知道自己是幾兩重，去妄想那些永遠不屬於自己的東西。

秀雅有一群閨蜜，再加上她共有四個人。雖是閨蜜，但秀雅總是覺得自己不如她們優秀，她心中覺得有這三位好朋友，真是自己的福氣。

秀雅是家中的老二，大姊從小無論功課、外表都是備受誇獎，個性活潑大方，又是家中第一個孩子，所以父親特別喜歡大姊。而老么是家中獨生子，那是母親的心肝寶貝，從小弟弟要什麼就有什麼，只有秀雅夾在優秀的姊姊和受寵的弟弟之間，是那麼渺小、不重要，在家中毫無存在感。

因此，秀雅內心怎麼也無法相信，自己是可以被人喜歡和被人欣賞的。自己似乎像命中注定般只能遙望著其他女孩的亮眼和風姿，遠遠地羨慕，或者自己在她們身邊當個陪襯，也就可以了。

因為秀雅在家中常被忽略，也讓她更看重和閨蜜的感情，只要是閨蜜想做的事，她都會擺第一；只要閨蜜提出的活動，秀雅無論如何一定會相陪。可是，這麼重視朋友的秀雅，心中還是很羨慕閨蜜。她常想無論自己生在哪一個閨蜜的家庭裡，應該都會很幸福吧？總比生在她那樣的家庭好太多了。

秀雅羨慕閨蜜A可以出國玩，好像她隨時想去旅遊都沒有困難；常羨慕閨蜜B有個好寵愛她的男友，把她當公主一樣地呵護照顧；常羨慕閨蜜C在職場上一直升遷，才出社會五年，已經是小主管了。可是，當她看向自己，就覺得自己什麼成果都沒有，沒有錢、沒有男友，也沒有工作成就。

「唉～」秀雅常在心中嘆氣。像自己這麼沒優點的人，一定要做好一個幫襯的角色，紅花已經讓別人當了，自己更要做好旁邊安靜的小草，不然連可以待的位置也沒有了。

「好羨慕啊……」每當秀雅看著閨蜜們臉書和IG的動態分享時，就不由自主地這樣嘆聲連連。

修復自尊

善待他人，更要善待自己

認命的低自尊者，雖然看似不再掙扎，接受自己的「一無是處」，但這不是來自高自尊者喜歡自己及接受自己的狀態。即使會讓人感覺到他們的穩定感，但這穩定感是來自他們完全把自己視為無物（nothing）的低自尊心態。

他們之所以習慣屈就自己，也總是習慣以別人為中心、配合對方，這是因為他們心中已經完全忽視自己，自然也不會關心自己的感覺、需求和渴望。

認命的低自尊者，其實不需要過度去認同他人的忽略和漠視。就算得不到他人的重視和肯定，我們也可以學習重視自己的存在，從簡單地接納自己的感覺開始，認識及傾聽自己內心的感受。這也是我們尊重自己這個個體存在的重要作法。

雖然對認命的低自尊者來說，眼中看出去的別人都那麼棒、那麼好，得天獨厚的優點那麼多，但也練習這樣看自己吧！用你欣賞及肯定別人的眼光（別忘了你有正面肯定他人的能力），轉而對自己說，轉而向自己回饋，讓自己也聽到、知道自己有哪些很好的方面及部分。請記得善待他人，更要善待自己！

給自己力量

看見自己的獲得，創造屬於你的精彩

羨慕別人雖然不是什麼太糟糕的感覺，也較嫉妒感溫和許多，但終究還是帶有比較的部分。雖然這種想法沒有攻擊力，也沒有破壞性，但羨慕的感覺，仍容易將自己擺放在不足、缺乏的位置上，心中所湧現的失落感及空虛感，稍不留意，也可能侵蝕我們的自尊。

自尊，就像是自我的安全網，讓我們在日常生活的墜落之時，也不會粉身碎骨，能確保我們的完整及獨立，也讓我們不迷失自我。與其時常羨慕別人所擁有的美好及精彩，不如更加看見自己的獲得及經驗，肯定自己身上也有得天獨厚的長才及能力，加以培養及累積，創造屬於自己的精彩。

Shift Thinking

用我們欣賞及肯定別人的眼光，轉而向自己回饋，看到自己的長處。

20 希冀完美的感情，最終都成了遺憾

因為我們常挖掘自己的不足之處，因此更希望能把經手的事務做到盡善盡美，補足對自己的負面評價。

自尊偏低的人，每天所反芻的生活記憶，都不是溫暖、感動及美好的生活片段，而是回想自己哪裡做得不夠好、又做錯了什麼決定……等負面的歷程。因為每天都在挖掘自己的不足之處，因此他們更希望能把經手的事務做到盡善盡美，來補足對自己的負面評價。但越這樣想，給自己的壓力越大，並且還會過度放大那些別人看起來微不足道的小細節，儘管如此，即使在小地方也想要求自己做到無可挑剔。但是，事情的發展總是事與願違，越想把所有細節掌控好、計畫好的人，越容易因為一些突發情況失去掌控，而懊惱不已。

正因為他們不斷地質疑自己和挫敗自己，因此低落及沮喪的情緒，遲遲難以消散，遲遲無法調回平靜。這是他們內心深處的痛苦深淵。**只有他們自己知道，內心有一個很深的黑洞，只要一不小心跌落其中，自己就算好幾個小時、好幾天的時間，都爬不出來。**

無法彌補的遺憾，伴隨我們成長

人人都說士鴻是個「完美主義者」、「責任感強」的人。其實只有士鴻自己知道，他就是清楚自己有太多不足，害怕被人看出破綻，才會每件事都非常認真規劃，以及來回檢視。

就算和女友約會時，士鴻都會反覆確認訂位、安排是否有照計畫進行。只要有一個小小的插曲，讓事情脫離了預定的軌道，士鴻就可以為此懊惱半天。

即便女友並無任何不滿，仍然無法讓士鴻擺脫內心的挫折和沮喪感。「我就是這樣，什麼事都做不好」，這是士鴻腦海中跳針似播放的自貶語句。

每次約會結束，對於士鴻而言，都不是滿懷甜蜜的回憶，而像終於完成一個艱鉅任務、充滿挫敗的士兵，心裡一點兒也不輕鬆、不甜蜜。

雖然女友並不吝於肯定士鴻，常常誇獎他細心、值得信任依靠，但士鴻總覺得自己配不上那些稱讚，還心想，那些只是女友為了安慰自己而說的吧？他不但無法坦然接受讚賞和肯定，更對女友的言詞，充滿了懷疑和不安。

小時候，因為士鴻有一次自覺會考滿分，實際上卻意外丟了二分，不僅被父親不斷責備、數落，後續更受到母親不斷地質疑。在他之後安排一些要事時，母親總是一再問他：「你真的準備好了嗎？不會出錯吧？」這就像是士鴻永遠醒不過來的夢魘，好像無論對自己多胸有成竹，還是會在臨門一腳時丟了分數，造成無法彌補的遺憾。

修復自尊

在心中擁有能接住自己的安全網

如果我們希望讓自尊處於穩定的狀態，需要做到：認識自己、接受自己及對自己滿意。這三方面之中，只要有一部分受到自己的質疑和否定，自尊就會產生動盪、不穩定。因此，如何對自己滿意？是我們修復自尊時，需要練習的課題。

我們需要改變自己因為過去挫敗經驗所貼上的負面標籤，例如定義自己是：「失敗者」、「成事不足者」或「魯蛇」。

當我們不斷強化對自己的負面定義和評價時，就在暗示自己注定失敗，並且真的會造成失敗的結局。不要小看意識（神經語言）帶給自己的影響。雖然失敗乃成功之母，但一再挫敗，只會讓自己越來越沮喪和無力。

所以，請試著增加自己成功的經驗。在意識上，請允許自己能成功，有能力達成自己想要的結果。同時，請不要只專注在小細節上，換個角度看看事物的本質、整體的呈現。**細節上的微小失誤，並不會影響大部分或整體的成果，練習告訴自己，你很滿意這一次的結果，也很滿意自己的付出和努力。**

當成功經驗逐步累積，我們才可能增強自信，所以請別養成暗示自己會失敗的習慣，並停止反芻負面的情緒和思考，讓自己跌入黑暗無邊的情緒黑洞中。

讓我們心中擁有一個能接住自己的安全網，懂得看見自己大部分做得好的地方，寬容自己小部分做得不足的地方，允許自己平靜地接受每一次的表現和結果。

給自己力量

允許對自己肯定

不要小看對自己暗示的效應。當你有意無意習慣性地對自己所進行的事務或行動抱持懷疑，或一種自己一定會搞砸的念頭時，事情就會無法阻止地朝向注定出錯及失敗的方向發展。所以，請為自己多練習正向鼓勵的語言，引導自己前往成功的方向。允許對自己滿意，也允許對自己肯定，才能一次次看見自己的成功之處。

Shift Thinking

看看自己大部分做得好的地方，寬容自己小部分做得不足的地方。

Chapter 3 低自尊的成因──

原來不幸都是我們主動選擇的？

低自尊者總在不知不覺中，
為自己選擇其次的人事物，
對於真正「好」的人事物，
反而不敢接近與接受。
這都會讓自己在生命的重要時刻，
背離了自己真正意願的方向，做出錯誤或不幸的選擇。

Introduction
引言

自尊偏低的人有一種詭譎的想法，對於別人鼓勵或肯定他們的言語會抱持懷疑，並在心中反問：「你怎麼知道你肯定我的那部分價值，是真的？也許是你看錯了，或是還未認清我啊！」

這時，我想請低自尊的人思考一個問題：「依你的邏輯，又如何知道自認很差勁的部分是真的？難道它不會源於自識不清，或對自己的偏頗認定嗎？」

面對外界的評價，低自尊者善於為自己築起一個思考的迷宮，讓自己迷失於思緒中，找不到出路。因為他們很害怕被欺騙、被當傻子，所以寧願不信任別人的話語。

但矛盾的是，他們的質疑通常特別針對那些肯定自己的人，因為太害怕有一天為此失落。如果他們相信也接受了，結果下一次、下一刻，原本誇讚他的人變成了批評他的人，那怎麼辦？他們害怕面對這樣的失落打擊，更恐懼想像中的挫敗會發生在自己身上。所以，他們雖然會被肯定自己的人所吸引（因為他們需要及渴望），但行為上反而會和對方辯駁，甚至推拒否認：「其實我不像你說得那麼好」。

這種行為上和態度上的矛盾，是一種心理遊戲，低自尊者可能在這個心理遊戲中樂此不疲而不自知。出於對自己的負面認知，他們往往還會坐上受害者的位置，認定自己命不夠好、人微言輕，才會經歷很多無可奈何的遭遇。

因為他們「以自己為恥」的想法已根深蒂固，因此在不知不覺中，總為自己選擇其次的人事物，不敢選擇自己真正中意的。

因為覺得自己不夠資格，或擔心自己不相配，所以對於真正「好」的人事物，反而不敢接近與接受。這都會讓自己在生命的重要時刻，選擇了背離自己真正意願的方向，做出錯誤或不幸的選擇，只為了符合自己內心扭曲的核心信念，特別是那些對自己不好的觀感。

這一章，正在探討低自尊者心裡這些扭曲的核心信念及自我觀感形成的原因。透過溯源，希望你有機會翻轉那些扭曲的、不合理的信念，還給自己一個公道，寬厚地善待自己，並從內心深處開始修復自己，重新相信自己：你已經夠好了，你只需要接納原本的自己，並相信自己值得創造想要的人生。

21 真正的自己，從未被接納過

我們以為只要符合父母的期待，就能成為他們願意愛的那一個孩子了。

一個生命的誕生之初，有非常多重要的關鍵會影響到自尊的形成，其中一個關鍵就是，在我們出生的當下，是否能感受到「自己是被原原本本地接受」。這代表著，無論自己的排行、性別、長相、樣貌、氣質……等等，是否被親生父母，乃至其他親人完全地接受？

這樣說好像很奇怪，孩子都生出來了，還能不被接受嗎？

事實上，有許多生命，正是在這樣不符合父母或親人的期待和希望下誕生。因為大人們複雜且糾葛的關係，讓一個孩子從誕生之初，就讓他經驗到自己是不被接受的，甚至成為大人失望情緒的替身。

不被親人所愛的孩子

曉倩，名字中有一個倩字，音同「欠」，就是父親用來提醒母親，她欠了李家一個兒子。聽說曉倩的母親一直不願意預知腹中的胎兒是男是女，因為她知道，若提早預知了不是兒子的事實，她就必須嘗盡冷嘲熱諷、冷漠忽視，所以說什麼都不願意知道孩子的性別，因此讓爺爺、奶奶一起著急地等到曉倩出生的那天。

但是，揭曉的一天終究會來，當曉倩出生的那刻，爺爺、奶奶從爸爸的口中得知生的是女兒時，爺爺立刻對奶奶說：「走了，沒什麼好待的」。兩老就嘆氣落寞地離開了，留下滿腹辛酸苦楚的母親，和注定得不到爺爺、奶奶關注的孩子。甚至，連父親也沒給母親好臉色，直說她真沒用，沒為他爭一口氣。

另一個例子：有賢，是家中最後一個小孩，上有二個哥哥和一個姊姊，排行老四的他，是父母意外懷上的。他和哥哥差了十歲、八歲，和姊姊也差了五歲。從他有一點兒記憶以來，他總會聽見哥哥和姊姊有意無意地說：「為什麼要生下他這個討厭鬼？」、「吼！他很麻煩耶！可以不要理他嗎？」雖然他是家中最小的孩子，但是父母也沒有放更多心思在他身上，反而時常說：「年紀這麼大了才生你，真是欠你的，害我累得要命。」

每當有賢聽到這些話，心裡就很受傷，覺得自己在這個家真是多餘，也不知道自己為何要存在在這個家？

接納原我了，才有力量成長茁壯

在成長過程中，我們或多或少都有過被拒絕的經驗，但這些拒絕的反作用力都遠遠不比被原生家庭的父母、祖父母、手足、親戚對自己的排斥來得受傷。特別是，那與我們血緣最親的父母，如果就是最嫌棄自己存在的人，那我們又該如何自處？勢必會引發內心對於自己的存在本身，產生非常大的不安全感及焦慮。

身為孩子的我們，非常渴望愛及保護，同時我們還不懂得辨識父母也有他們自私的時刻，與自我中心的需求。不是每個身為父母的人，都能自然懂得愛孩子是怎麼一回事。所以，我們對於不被父母親接受、不被手足接受、不被親族接受時，在不明就裡之下，只好簡化地認定就是因為「我不夠好」、「我不值得被愛」，才會遭受這樣地對待。我們誤以為，自己只要符合父母及親族的期待，只要聽話了、順從了，及盡力地討好他們，應該就可以是他們願意愛的那一個孩子了。

如此，使得我們在接受「我就是我」的任務上，就已蒙上了陰影，接下來，我們所做的一切行為和努力，都是為了推翻「我就是我」的人生目標，企圖成為另一個會被父母親關愛的孩子。但是，這樣拒絕接受自己，視自己為失誤的存在，又怎麼可能發自內心建立起良好的自尊呢？有些人甚至以一輩子的時間，想要推翻這一個自己，力圖要改造和翻轉，就是不願意接受這個「原原本本的我」。

一個孩子能體驗過自己被原原本本地接受，無論是被父母或是親族，都是莫大的幸福。這意謂著這個孩子的存在，已經被外界安然地接納了。在這世上，他的存在不需要理由，他的原貌，就是被接受地存在。

對一個生命而言，生命的原貌被完整地接受了，這是多麼大的確信：他知道自己是安全的、是被家人接受的，也會被保護。在這樣的基礎下，他會持續成長、茁壯，長成屬於自己的獨特樣貌，而他和這個世界的關係，也會既和平且友善，共存共好。

給自己力量

改變看待自己的眼光

你或許沒有經驗過「原本的我被接受」的歷程，因此總是懷疑自己、挑釁自己，也容易受他人的言語和眼神襲擊，害怕自己不夠資格。

過去的失落難以倒轉，但你可以開始改變看待自己的眼光和角度。請試著真心地接受這一個原原本本的自己，並試著相信，無論是在什麼情況下誕生，這世界都會留給你位置和空間，也會提供資源和能量讓你成長、茁壯。只要你不再把自己存在的資格交於任何人手上，或不再渴求其他人的認同，這樣存在的力量才能回到你身上，成為安穩的內在信念，相信自己已是此生最好的存在。

Shift Thinking

別再把自己存在的資格，交於任何人手上，這樣自己的力量才能回到你身上。

22 在無法理解下，被羞辱或懲罰

身為孩子的我們並不清楚自己曾經經歷過什麼，但即使不能理解，傷害還是已然發生。

自尊受損的人，八九不離十都曾在幼年遭受被過度羞辱和被過度懲罰的事實。童年的逆境對於我們日後的身心發展，特別是自尊及自我概念的形成，擁有非常巨大的破壞力。

對許多口出羞辱及行使懲罰的大人而言，他們的理由不外乎為了管教孩子，卻很少檢討及考慮自己的行為所帶來的後果，特別是對孩子身心發展的影響。大部分時候，他們其實是在解決自己教養上的情緒壓力和難以克制的衝動，而不是真的設身處地為孩子的發展設想。

從生命各階段的發展任務來看，我們的自尊發展始於三歲。三歲的孩子就會因為大人恥笑或謾罵的態度、行為而感到羞恥。他們會從大人的反應中，體察到自己是一個會被尊重的生命，還是一個一無是處、隨便就可被任意對待的東西。

關於「自我」的發展，據研究發現：孩子在第十八個月（一歲半）時，就能清楚地意識到自己不同於其他客體。孩子知道「這個人就是我」：我有名字、我有身體、我有眼睛、鼻子、嘴巴。同時，孩子也能意識到「我是不是被喜愛的」、「我的需要有沒有被滿足」、「我是不是安全的」……等等感受。

當大人們對孩子的身心發展一無所知的時候，孩子正在以肉眼未能看清楚的速度快速地發展自己，包括他們的身體器官、大腦神經，以及他們的骨骼肌肉。所以一旦羞辱、嘲笑、謾罵及肢體懲罰的行為發生在孩子身上，他們的身心也會一起受到破壞。這不僅可能造成孩子在生理發展上的障礙，也會在心理（大腦神經）的發展上，形成扭曲的自我觀感，嚴重者甚至會將自己視為「非生命」的東西，可以任意被他人對待，被迫以冷漠及抽離的情感來對應殘酷的環境。

有時，孩子並不知道究竟在自己身上發生了什麼，但即使不能理解，傷害還是已然發生，並可能成為日後難以彌補的身心疾患，甚至危害性命。

用吃來餵飽內心的安全感

靜蕊及靜香是對只差一歲多的姊妹，她們的體重皆超過九十公斤。大約從四五歲開始，餵飽自己就成為她們生活中最重要的事。

姊妹們有個非常不幸的童年，父親沉迷賭博，母親成天酗酒，導致她們的日常無人照料，無人關切，沒有定時的三餐，時常只能吃別人施捨的零食。所以，只要一有吃的，兩姊妹就拚命地塞進肚子，深怕之後會餓到。

在兩姊妹可怕的童年裡，父親為了要錢可以對母親拳打腳踢，看孩子不順眼時，也會叫她們閃開。母親酗酒後，常常會上演一哭二鬧三自殺的戲碼，一面哭喊著詛咒所有的人。

有一回，母親不知道是否真的神智不清了，抓著兩姊妹說，都是她們毀了自己的人生，用衣架狂打她們，甚至拉她們到浴室企圖淹死。那一次，兩姊妹嚇到發抖地抱在一起，若不是因為媽媽跌了跤昏過去，不知道媽媽是否真的會殺了她們？

從那天之後，莫名對生存的恐懼總是糾纏著兩姊妹，她們很害怕稍不留意，自己就會消失在世上了。所以只要一有機會，她們就拚命地吃，讓身體越來越胖，胖到爸爸媽媽再打她們時，好像就沒那麼痛了。

而且，姊妹們認為只有自己胖到很醜，那些想傷害她們的人，才會因為厭惡她們的模樣而不想接近，這樣她們就能感覺稍微安全一點。

就這樣，從童年開始，直到二十歲，兩姊妹對自己的人生都了無期待。後來她們的父親突然暴斃，母親依舊沉溺於酗酒。她們的人生既不被任何人期待，也不被自己期待。所以，只能繼續吃東西，讓自己麻痺，也用寬厚的脂肪，隔離曾經歷過的情感傷害。當別人問起她們對自己的感覺、對人生的盼望時，姊妹們只有滿臉的憂傷，儘管她們不喜歡自己的樣子，但這是她們唯一能保護自己的方法。

這一切不是你的錯

我們許多的心理問題，甚至身體疾患等狀況，都與自尊有關。自尊的損害，可能引發各種情緒調節的障礙，也會讓我們持續地處在情緒紊亂中，使得自己在面對人際與社會的關係時，因為內在的自我批判而引發大量的羞愧感，採取自我放棄、自我隔離。

但往往我們在童年遭遇的逆境，和我們本身是沒有直接關連的。那是大人無法面對及克服他們人生的壓力及問題，而將那一份挫折及憤怒轉嫁於身為孩子的我們身上。我們成為了大人無力面對人生的代罪羔羊，成為他們發洩挫折、施以暴力的替身，但卻往往誤認為「都是我的錯」，才導致家庭如此悲慘、父母如此痛苦。

在童年時期經歷的家庭遭遇，讓我們心生的無能為力感，會消除我們對人生的希望。若我們的存在曾被視為令人痛苦的、羞恥的，我們就會真的以自己為恥，而視自己為不該存在的生命。這往往使我們的自尊水平持續下降，不相信自己值得尊重，也不再懷有任何對愛的希望。

給自己力量

把感受還給自己

如果你已習慣對自己冷漠無情，甚至不認為對自己有什麼好懷抱熱情或期待的，那麼，根深蒂固的心理創傷或許已在你的內心埋下很深的影響。只有經驗過關愛及溫暖的孩子，才會對周圍的事物，包括對別人和自己滿懷溫暖和情感。

如果成長時曾遭受許多輕視、無情對待、羞辱，以及言語、暴力的傷害，則孩子在備受痛苦時，那種無人挽救及保護自己的悲痛，都會令他不得不抽離自己，以無情及無感隔絕自我，讓自己麻痺，以及否認自己經受的痛楚。

若我們要開始學習愛自己，就必須先把感受還給自己。即使是悲傷、憤怒、心碎或是痛苦，都要允許自己可以有這些感受。讓這些感受提醒你是一個真真實實的人，而不是讓這些感受成為唾罵及排斥自己的來源。無論生理或心理上，讓我們允許自己真的會痛，承認自己會痛，而開始願意用心、用情感擁抱自己的生命，視自己為一個需要好好被愛護、被關懷的人。

Shift Thinking

無論生理或心理上，允許及承認自己真的會痛，並用心擁抱自己。

23 曾成為別人情感操縱的對象

我們對自己的家人總特別無能為力，特別是對自己的父母。

身為孩子的我們，總在還弄不清楚大人現實世界的複雜時，就開始被扯進糾結難解的人際關係中。雖然我們還無法清楚地理解周圍大人世界的全貌，但約八歲左右，我們就已擁有一個完整的自我心理意識，形成了我們看待自己的眼光，也奠定了日後的自尊基礎。

從三、四歲開始，身為孩子的我們，就會開始關注自己是否會被別人接納及喜歡，如果遇過自己不那麼被人喜歡，或被取笑、漠不關心的經驗，都會感到自己是不被看重的，而產生沮喪或憤怒的反應。

對於低自尊的人來說，他們從小到大的生活環境中，都有著自己被任意對待的大量經驗，不論是成為他人任意發洩情緒，或視為可被情感操控的對象都有可能。生活中，他們必須仰賴某個重要的親人維生，若是被這個重要的親人拋棄或是置之不理，都是很可怕的遭遇，因此令他們內心充滿不安及焦慮。

曾感受到自己是父母的「累贅」

子其，從小就是一個「懂事」的女孩。子其的爸爸不常回家，但回家時總會彌補似地滿足她的要求。雖然子其對於爸爸贈予的禮物、玩具非常喜歡，但她更希望爸爸能常待在家裡。因為每次爸爸太久沒回家，或是回家後又跟媽媽吵架、甩門離去時，媽媽就會告訴子其，都是因為子其不懂得體貼她爸爸，所以才留不住他。

子其不知道的實情是，她的爸爸其實擁有另一個家庭，那才是他名正言順的家。子其和媽媽是不能曝光的第三者家庭。但她當然不懂這一些大人世界的複雜，她只知道自己只能依靠媽媽。

如果子其讓媽媽不高興，讓媽媽不滿意了，媽媽就會又打又罵地對她咆哮：

「那麼辛苦生下你，到底有什麼好處？你爸爸也沒有對我們好一些，也沒有多照顧我們一些，只有我一個人辛苦地照顧你，你如果不聽我的話，不如就滾去別人家，不要做我的小孩算了。」

子其每次聽到這些反覆出現的話，都覺得心裡一陣痛一陣酸，她不知道自己究竟做錯什麼？做了什麼罪大惡極的事？為什麼媽媽好像把自己當仇人一樣？她其實心裡很愛媽媽，也很在乎媽媽，只要能讓媽媽每天都開心快樂，她什麼都願意做，但她就是不懂，為什麼媽媽總是任意地對她發脾氣，又那麼輕易地說出不要她的話？

她很想問媽媽：媽媽，到底我怎麼做你才會滿意？怎麼做你才會快樂？為什麼有我的你，一點都不快樂？這一切難道都是因為你有我這個累贅、這個麻煩，才會這麼不幸嗎？

幼年經歷的否定，不代表全部是事實

任何孩子，都想為了讓別人看重而努力，而且從很小的時候就開始努力了。

所以，當我們積極表現，努力討好，或是不斷地表現出大人想要看到的樣子，希望得到大人的讚賞及看重時，卻發現無論自己怎麼努力，或怎麼配合，在大人眼裡，我們仍然無足輕重，或是所思所想都不被在乎。彷彿我們具有的一切，都是不重要的，是可以被視而不見的，那麼無疑就在幼時的心理，埋下了自己一無是處、什麼也改變不了的深切無力感，只能任由他人輕蔑對待。

當然，這不是事實，我們可以影響的、可以改變的還有許多部分。但由於我們自小的經驗，所以對自己的家人總特別無能為力，特別是對自己的父母。於是，我們產生了心理障礙，不僅和父母的情感無法交流，也無法進行溝通。對父母而言，我們什麼分量都沒有，只能任由他們處置和對待，這些種種經驗加總之下，我們如何相信自己有力量改變情況，或是進一步影響環境及改變他人呢？

給自己力量

選擇正確的人事物，來到你的生命

或許，過去經歷的許多經驗，讓我們更加深信自己是卑微的、可以任意被人欺負的念頭。但這些負面的自我設定，才是我們不斷被輕蔑、貶抑及漠視的真正來源，好像自己被這樣對待了，才合理。

如果你開始重視自己，也開始尊重自己，會以尊重自己的態度和他人互動，也會開始辨識出何謂被尊重、何謂不尊重的對待。

除非你允許這一些事情不斷重演，不然沒有人有權利強迫你必須要一直忍受，以及遭受別人任意地情緒發洩或情感操控。被奪走守護自己力量的你，才會使得那些不對的人事物不停地出現在你身旁。

讓我們開始學習、選擇正確的人事物來到生命中，不再對自己「被別人任意對待」習以為常。

Shift Thinking

讓我們開始學習、選擇正確的人事物來到生命中，不再對自己「被別人任意對待」習以為常。

24 習慣收下負面和否定自我的訊息

若我們無法辨識出那些說出負面訊息的人，才是問題的根源，而把對方所說的話視為否定自己，就會活在自卑循環中。

一個充斥著負面、否定訊息的生活環境，一定會讓人覺得情緒混亂而手足無措。如果這種負面的訊息，還針對某個人不斷釋放，那麼那個人的大腦會更難以抵擋這些負面訊息的灌入及覆蓋。即使一個對自己有穩定自信及觀感的人，都可能受到負面訊息的損害而神經衰弱。對於曾生活在充滿負面和否定訊息環境的孩子來說，他也會習慣地認為這些訊息才是正確的、合理的存在。

那些對我們的斥責，充滿批評的言詞，即使一時之間聽了很不舒服，很想抗拒，但也會因為年紀尚小，自我維護的能力不足，而開始收下那些負面的訊息。並且，把那些訊息合理化，認定若不是自己真那麼愚蠢及糟糕，也不會被這樣責備。

對孩子來說，並沒有能力站在一個客觀的距離及角度，全盤地理解一件事。而許多問題家庭的起因，都不在於孩子究竟怎麼了、做了什麼，而是在於孩子周遭的大人處理問題的能力不足，或是欠缺愛人的能力，使得他們說出來的話語，及做出來的行為，充斥著無情無愛的冷酷，以為是在教養，但傳達給孩子的只是羞辱。

若我們始終無法辨識出那些說出負面訊息的人，才是問題的根源，而把對方所說出的負面話語視為對自己這個人的否定，那麼就可能活在自尊低落的自卑循環中，持續地感到自慚形穢。

特別懼怕被權威者批評

月琴在成長過程中一直不太喜歡自己。而且，她還會特別注意，當自己做事時，別人是否會對她投以鄙視的表情和眼光。

月琴特別懼怕那些權威人士或強勢的人，但她又偏偏特別在意這些人對她的批評及看法。即使她清楚知道，有些權威人士或強勢的人，常自我中心地任意評論別人，而且說出來的話，總是那麼刻薄，但月琴還是無法避開那些負面話語的侵擾。那些話語，就像是她的媽媽從小到大對她說的一樣，從來沒有一句好聽話。

當然，月琴的媽媽完全是無意識的，她不知道自己在父權思維的塑造下，是如何以男尊女卑的角度來對待自己的女兒。她自己是這樣一路承受、長大，卻也把自己承受過的羞辱和輕視視為理所當然，繼續讓月琴承受。

但月琴並不明白男尊女卑文化的影響和轉變，也不懂母親過去是如何被對待，又如何認同了那些對待，才會用幾近無情的方式批評她的生命。在這樣日積月累的生活情境下，月琴雖然對於遭受否定、鄙視的自己，仍會傷心難過，卻已當成自己擺脫不了的命運，只能在生命中不斷地複述著那些話語，不斷地繼續否定自己。

你是好人，但不是弱者

低自尊的人，面對那些負面、否定自己的話語時，就像是自己身上撕不了的標籤，認同也認定了那些訊息，就是在說自己。由於內心無法支持及肯定自我價值，他們根本不敢抗拒和反駁那些強勢的人，也無法阻止那些話語進入他們的心中。有時候，他們還會聽得格外用心，好像要把那些負面否定的話語刻在自己的骨子裡、烙在自己的心上，讓自己從裡到外都被輕易地踐踏了。

慣於接收負面、否定訊息的人，心中都懷有無限的恐懼，恐懼自己的弱勢和無力，無法與強勢的人抗衡，於是他們把自己看低、看輕，好讓自己不要嘗試去對抗、去拚命。他們加深自己為弱者的概念，訴諸自己是好人及良善的人的想法，所以只能任由別人欺凌。但這樣反而讓自己持續處於自卑和受害者的處境下，不停地重複無力感及遭受傷害。

給自己力量

不給傷害你的人機會

你可以鍛鍊自己說「不」的能力及力量。雖然幼年時，你只能任憑那些強勢的大人，隨意地批評你、輕視你及貶抑你，只能讓自己習慣被如此對待。但所謂的長大，就是你有權利及能力，由自己決定一些事情。

當你不允許別人以負面、否定訊息傷害你，你可以允許自己不接受，阻擋那些訊息進入你的心中：不看、不聽、不接觸，都是你的權利。

當別人以負面又糟糕的方式對待你時，不要輕易地認同，以及認為自己必須無條件地接受那些無理及無禮的對待。

一個人倘若不懂尊重他人的生命為何物，那麼你就有權利不給對方和你接觸的機會。如果連你也不認為自己值得被尊重的對待，就無法抬頭挺胸地接受別人的尊重了。

Shift Thinking

當我們不允許別人以負面、否定訊息傷害自己，就有能力阻擋那些訊息進入自己的心中。

25 為了保護自己不受傷，自我設限

我們以為先告訴自己「我做不到」，如果事情最後失敗了，就能保住自尊。

自尊偏低的人，時常會以負面信念，來認定自己「做不到」。這是一種理由、藉口，藉此來說服自己「不要去努力」。這也屬於一種「自我阻礙」或「自我設限」，當自己還沒嘗試及努力之前，先聲稱自己「做不到」，就可以免去經歷嘗試後，或努力過後，事情仍然失敗的打擊。

因為，只要先告訴自己「我是不行的」，那麼即使最後不得不去做，也可以在事情毫無進展的情況下，安慰自己：「我早就預料到這件事是做不成的，所以即使努力不夠，也錯不在我。」如此，就可以試圖保住自己只剩一丁點的自尊。

這樣的心態來自於：若是自己使盡了全力，不斷地嘗試及努力，事情仍不如預期，結果仍然沒有成功，不就真的表示是自己太笨及沒用。因為太害怕面臨這樣的窘境，於是低自尊者乾脆說服自己，還是不要去努力了，這樣的失敗雖然可預期，但都是由於自己沒有努力、不夠盡力所致。

這也算是一種自我保護的策略。因為太害怕不成功，乾脆先接受眼前的失敗。雖然看似矛盾，卻是低自尊者慣用的策略。

愛情失敗恐懼症的保護策略

宇翔，對同部門一位女同事很心儀，雖然有不少互動的機會，也共事了一年，但想到要跟對方告白，他心裡就七上八下的，不知如何是好。

宇翔完全不知道該如何和對方接觸，又該如何觀察對方的喜好，以進一步地得到更多相處的機會。他滿腦子只覺得自己其貌不揚、又沒什麼條件，女孩子就算和自己在一起，應該很快就會覺得乏味及厭煩。他所想的，都不是如何積極地與對方接觸，或嘗試交流，反倒充滿了許多要自己打消念頭的想法。

這已經不是宇翔第一次這樣了。只要有一個他還算喜歡或欣賞的對象出現，他總是花力氣說服自己不要去告白、不要自取其辱，到時被拒絕只是令自己更難堪，搞不好連朋友、同事都做不下去了，豈不很糟？

所以，宇翔總是看著曾經喜歡的女孩子，一個個有其他對象，一個個去談戀愛、結婚、生子。而那些女孩子，沒有任何一個人知道自己曾經被宇翔喜歡過。但這反而讓宇翔鬆一口氣，還好是這樣，不然若是追求了、告白了，才被拒絕或相應不理，自己才真的要鑽到地洞裡，不想再面對這個世界。

像宇翔這樣擁有「失敗恐懼症」的人並不少，為了不要讓自己經歷極度恐懼的失敗，寧可一開始就對自己預告會失敗，而要自己停止努力，或不要企圖嘗試。說到底，就是害怕自己努力或嘗試過後，若真的失敗了的話，那種打擊才是自己真正難以承受的。

為了符合自己注定失敗的設定，低自尊者必須長久一貫地否定自己，並且不斷強化否定自我的訊息，說服自己：「我不會成功」、「我沒資格幸福」、「我不可能辦到」……等等的負面信念。這不僅要壓抑自己想獲得成功和幸福的渴望，也要強力地抑制自己任何想要努力及嘗試的動力，如此只是為了讓自己不要前進，以為按兵不動就是最安全的保命策略。**甚至，有的低自尊者要自己乾脆接受倒追自己的人，這樣表示自己是佔上風的，就不用擔心被拒絕或被拋棄。**

給自己力量

把失敗視為一種經驗

當我們太專注於結果，就會忽略過程中也有值得領會及學習之處。

對你來說，也許過往的經驗，只有「結果」重要，只有「結果」會被在乎，以致你也被影響了。任何事情的結果，確實不只有成功，也可能會失敗；但你放大了失敗的可能，以自我否定的信念，視失敗為你生命的大多數經驗。

這可能源自於你過去有許多得不到或求不得的經驗，以致你希望自己放棄期待成功的可能，並說服自己只會得到失敗。

你為自己設下了注定失敗的信念，因此試圖讓自己對凡事都放棄努力、拒絕嘗試，這其實是你以為最安全的方式，來讓自己寸步不移：「不要企圖成功，就不會面臨失敗」，這種害怕失敗的恐懼症，雖然讓你可以不用面對失敗時那致命的一擊，卻也讓你不斷流失創造各種經驗的機會，讓生命徒留許多空白和空洞。

人生中，不怕失敗的好方法，就是把失敗視為一種經驗，卻不是永恆的結果，更不是生命的結果。讓我們透過失敗的經驗，締造成功的智慧，把失敗當成自己邁向成功的墊腳石，而非絆腳石。

Shift Thinking

不怕失敗的好方法，就是把失敗視為一種經驗，卻不是永恆的結果。

26 被僵化的信念，所綁架的人生

我們往往很容易把自己矮化，更容易把書上或權威人士訓誡的道理，視為不可忤逆的「聖旨」。

自尊偏低的人，常常反覆地以各種教條及道德標準審視自己。對他們來說，這些失去情境脈絡考量的教條和道德，就像是法律條例一樣，必須時時用來嚴加審查自己是否犯規、是否不道德、是否會成為別人口中的敗類或異端份子。

探究這類低自尊者的早年生活，皆時常遭受別人用嚴厲的話語恐嚇、指責，以致他們非常害怕自己出現道德或倫理上的瑕疵。如果他們曾經被指責過，自己這樣做是「不孝」，他們就會在許多事情方面，以「我這樣是不是不孝？」來審核自己，並且嚴厲地斥責自己；同時，他們也會如此嚴厲地審視及指責別人。

如果他們曾經被指責：「你很自私，做人要懂得多為別人著想」，他們就會在各方面的事務中，以此教條做為框架，檢討自己是否不夠與人為善，是否太自私？

他們的腦袋裡裝了滿滿的訓誡和教條。如果有人對他們說：「放輕鬆，沒關係的，不要對自己這麼嚴厲」，他們會激動地化身為過去訓誡自己的人一般，賣力地辯論說：「怎麼可以這樣！做人做事就應該要堅守這些道德與倫理」。此時的他們，像是道德或模範的衛教者，認定這世界應有明確的「是」與「非」，怎麼可以存有那麼多理由和灰色地帶。

由於低自尊者的自尊低落，因此容易把自己矮化，更容易把那些聖賢書上說的道理，或權威人士訓誡的教條，視為不可反駁及忤逆的「聖旨」。只要成為他們心中崇拜的對象，那些被美化、神格化的人物所說出來的訓示或規矩，都成了不可質疑，必須嚴格執行的命令。他們害怕一旦觸犯了，自己就有了心靈上的瑕疵及缺陷，或是一個罪惡、不潔的人，卻從未反思自己為什麼要如此神格化另一個人的地位。

若是探究其中的心理機制，是因為低自尊者很擔心自己薄弱的力量、意志會受迫害、受排拒，因此他們心中都渴望被強而有力的權威者愛護及接受，來避免經歷孤單無依的那種無助感和恐懼感。

為了能被強而有力的權威者恩寵及保護，他們會接受對方所灌輸給自己的諸多制約，即使是心靈操控。他們幾乎無能為力去抵擋這些控制，這不僅因為他們太恐懼遭受排拒，還有心中想要透過接受權威者的給予及幫助（其實是控制），提升卑微的自我及弱小的自尊，來說服自己是「好的」。

給自己的準則，是引導還是框架？

紅英的母親，是一個十分嚴厲的女性。從紅英還小時，就教給她許多做人做事的道理。她的母親給女兒的各種耳提面命的教條多到像是一種精神潔癖，唯恐自己會教出來一個不知檢點、勾引男人、放蕩不羈的女兒。

紅英的母親，也有一個非常嚴厲到近乎神經質的母親，也就是紅英的外祖母。由於紅英的外祖母，是外曾祖父在外頭的私生女，後來抱回家養，以致紅英的外祖母從小就被嚴厲對待，時常被人說是「不知檢點的女人生的」、「你母親是狐狸精」。紅英的外祖母內心很不是滋味，在越感卑微的自我下，只好更加嚴厲地要求自己，拚命做到別人要求她做的，既不敢反駁，也沒有任何怨言。她努力地想證明自己可以成為一個好女人，不僅知道禮義廉恥，還要做到人人對她刮目相看，她絕不是別人口中的那種女人。

當紅英的母親出生後，可想而知，外祖母會如何教導自己的女兒。從母親懂事開始，外祖母就不斷灌輸她，好女人該有的三從四德，還要行為端莊，不可有任何不知廉恥的舉動。因此，紅英從小只要一做女孩子不該有的舉動，就會被母親嚴厲的責罰、訓誡。有時候，還會遭受難聽的辱罵，耳提面命她遵守教誨。

但紅英彷彿逃不開這種恥辱不斷相傳的家族命運。無論她怎麼努力地洗白自己身上的污穢，心中還是洗刷不掉那種令人痛苦、不安的自卑感和羞恥感。

遠離那些「只有我懂你」的心理操控

若不是為了掩藏或洗刷心理的不潔感，人又何以需要各種教條或道德框架自己、包裝自己，來證明自己是奉行道德禮教而活的人呢？

這種將自己矮化及奴化的人，一遇到權威者，就會讓自己活在那個群體關係鏈的最底層。一旦遇到自覺地位比自己還低下的人，他們又會變成另一種嘴臉，以經歷過的嚴苛對待，訓示對方；如果對方有一絲質疑，還會瞧不起別人。

所以，那些曾被羞辱過，或自尊遭受過嚴厲挫敗的人，若無法意識到自己的自尊曾經遭受到何等的傷害及控制，就很容易依附在權威者的嚴厲管控中，和對別人（比自己地位低下者）嚴厲管教的輪迴中，無盡地上演「只有我懂你」、「我都是為你好」的心理操控遊戲。

給自己力量

回到現實，解開心靈牢籠

好好面對自己心裡的聲音：你害怕自己有道德瑕疵、恐懼自己心靈不潔淨、深怕自己靈魂有缺陷……這都屬於一種神經質症。這一切都與你的自尊有關。當你瞧不起自己，就會視自己為污穢、不潔，會拚命地想洗刷、想平反，來證明自己可以站在聖者或潔淨者的一邊，但其實這是一種分裂內心的作法。

你越想排除自己認為的惡，就會越想靠攏自己所認同的勝者及強者，卻忽視他們是否用不近人情、缺乏義理及理性的態度對待你。

你真正要面對的是，自己內心的恐懼和黑暗。你究竟為何這麼害怕觸犯那些道德、倫理及教條？是你太害怕被人譴責，還是太害怕自己的罪惡感？這些無法饒恕自我的教條規範，究竟來自你過往生命中的誰，如此灌輸給你，如此苛責過你？

要去解構掉這一些心靈的牢籠並不容易，但首先，你必須要回到現實。

每個人確實都要為自己的所作所為負責，但各種人性化的抉擇和情意的考量，都不是簡單、輕易就能用道德倫理一概批判。若缺乏自我的理性思考，任何的道德教條都不能啟蒙我們的智慧，只會綁架或操控我們的心智，成為更加失去自我的有害物罷了。

Shift Thinking

這些無法饒恕自我的教條，究竟來自過往生命中的誰，如此灌輸給你？

27 害怕自己輸給別人

我們總害怕看到別人過得好時，卻發自內心感到自己過得不好；或是在別人擁有成就時，感到自己毫無成就。

自尊偏低的人，為何自尊會常常處於不穩定的狀態中？那是因為他們無時無刻都需要和別人來比較，才知道自己的價值到底有幾兩重。

相對於穩定的高自尊者，低自尊者不太清楚自己真正的價值，也不知道如何洞悉自己的天賦及才能。因為在低自尊者的生活經驗裡，大部分的時候，他都是注視著別人，依照別人的反應，再來決定自己該怎麼做。所以他們沒有太多機會，也不曾花過什麼時間來了解自己、認識自我。

如果他們看見別人做了一件事會被稱讚，他們就會試著去做別人所做的那件事，才能證明自己的價值；如果他們看見別人因為擁有什麼而受人歡迎，他們就會想去擁有那件東西。

所以，如果低自尊的人沒有一個可以追隨的對象，生活就會失去目標，他就不曉得自己要為什麼而努力，或為什麼而前進。

低自尊的人，最怕人家問他：「你真正想要的是什麼？」或是「你想要什麼樣的生活？希望自己成為什麼樣的人？」他可能會回答：「像Ａ一樣的學位、像Ｂ一樣的外表、像Ｃ一樣的表現……」，總之，他很難只專注在自己身上，好好地關注自己真正想要獲得及實現的是什麼。

不想被比較，又忍不住爭高下

亞涵生長在很多堂兄弟姊妹一起成長的大家族裡。由於他們家和叔叔、伯伯全住在同一棟樓，所以從小她就和一大群人生活在一起，和一群手足一起長大。

雖然亞涵有自己的弟弟和妹妹，但她最常被大人拿來比較的是伯父的二女兒，和叔叔的大女兒。因為她們年紀差不多，上下差個一兩歲，所以不論上幼稚園、上小學或中學，學業表現總會被大人們拿來比較。

亞涵記得，當堂姐開始會說幾個英文單字時，她就被笑說：你沒人家聰明。當堂妹因為作文比賽得獎時，她就被笑說：你的作文根本不能看，不知道在寫什麼。

當堂姐、堂妹開始學了各種才藝之後，那才是惡夢的開始，媽媽就會要她也跟著去學那些才藝。每到假日，就有上不完的鋼琴課、舞蹈課、心算課和美術課。

亞涵從小就不明白，到底是自己真的喜歡那些才藝，還是那是媽媽覺得她應該要會的。不過，不管如何，她還是讓自己盡可能地去參與、去學習，希望自己有什麼才藝表現可讓大人稱讚。

亞涵特別討厭看見爺爺、奶奶稱讚堂姐或堂妹的樣子，好像只有她們是爺爺、奶奶心中的驕傲。她自認課業表現也不差，只是不像堂姐總是可以得到滿分，也不像堂妹總是拿一堆比賽過的獎狀回家。她心裡很不服氣，覺得自己也很努力認真，為什麼大人總鮮少看見她的付出和成績，難以肯定她。

對亞涵而言，這樣的成長環境下對她最矛盾的影響就是：她很痛恨被人比較的那種感覺，那會令她火大得想翻臉；但私底下，她卻又克制不了和人比較的念頭。

她尤其害怕聽到別人有什麼了不起的成就，會把兩人之間的勝負距離拉遠了。她心中好害怕，覺得若自己不加把勁，超前別人的成就，那麼一定很快就會被比下去，到時候輸得很難看，不就更證明了自己一無是處，成就平庸？

把能量放在自己的人生目標上

每個人都想要獲得成就的感覺，也想要出類拔萃，證明自己有能力獲得社會上的成功。這是很迷人的事，也會讓我們獲得成就感。但低自尊的人並不是把能量用於獲得成功和累積成就，而是把能量放在「擔心自己輸給別人」上頭。因為十分擔心別人優越的表現，更顯得自己無能，低自尊者還會暗暗地詆毀別人幾句，以顯示別人其實沒那麼好。比如說：「對，他這方面是很厲害，但其它方面就難說了」，或是：「要不是他家財力這麼好，花了那麼多錢學習，不然憑他的資質很難做到」。

低自尊的人總認為在別人過上好生活時，會突顯出自己過得不好；或是在別人有成就時，覺得自己毫無成就。因此他們總是花非常多氣力，監督著別人的一舉一動，看看別人有什麼樣的進展，或有什麼樣的最新消息，以此評論自己目前是輸了，還是贏了？

說穿了，這就是因為無法好好專注在自己的人生軌道上，專心經營著自己想要實現的人生。如果在自己的跑道上，沒有假想敵、沒有對手，或是沒有競爭關係，低自尊者幾乎無從知道究竟在自己的人生裡，自己是好還是壞，是成功還是失敗。

給自己力量

今天的你，只要比昨天的自己多成長一點

你過去的人生，可能太習慣被人拿出來比較，因此也習慣透過排名、打分數，和同儕比較，才知道自己到底表現得好不好。這些往日被制約的方式，讓你不斷地在競爭中，督促自己必須保持進取，或不忘去獲取成就。這個方法，可能已在你過去的生命之中被操作很多年了，以致自己深陷在「比較的競賽」中醒不過來。

你需要明白的是，過去的你因為常常被拿來比較，或被大人做為炫耀的工具，

以致認為只有你拔得頭籌、引人欣羨，才算是有面子，才算是風光。但這樣的炫耀或欣羨都只是一時的，最終每個人真正要面對的，還是他真實的人生，是否真實的幸福及快樂，是否真實的寧靜及安穩。

若迷失在競爭的遊戲裡，以為這樣自己才能走向成功，這樣的拚命，是在和別人拳打腳踢的爭鬥中，讓自己傷痕累累。即使贏了，也只有一個累字可以形容，而不是發自內心對自己的肯定和認可。

若真的要比較，那你可以這麼做：拿今天的你和昨天的你比，拿明天的你和今天的你比。看看每一天自己，是否都比昨天多一點成長，擁有更多的歷練和智慧。這樣的比較，會讓正面的回饋都回到你身上，而不是像和別人比較時，心裡總是那麼焦躁不安，也那麼容易失落。

Shift Thinking

每個人都想要獲得成就，但不要把努力的能量放在「害怕輸給別人」上頭。

28 太看重對方，又太看輕自己

如果我們可以平等看待所有的人，心裡不再有高低之分，那麼就能與別人建立更溫暖、更親近的關係。

自尊偏低的人，在看待別人時，會在心中放進一個秤子，秤秤看自己和對方的分量。如果認為自己比對方分量重，就把自己的地位抬高，若秤出的結果是對方的分量比較重，就把自己的地位放低。這種對身分、地位、價值的計算，再來決定自己要看重對方，還是要看輕自己，就是一種心理地位的衡量。

在「人際溝通分析」（Transactional Analysis）的心理治療派別認為，人們心理存在著自我評價及對他人的評價。這也是人際溝通時的基本心態，我們會自然去判斷：「我很好」或「我不好」，「你很好」或「你不好」。

當我們與別人交流時，內在的心態可歸納為四種心理地位的類型：

第一型：我很好，你也很好（I'm OK, You're OK）。

這種人是比較具有自信、穩定、積極態度的人，也是心理健康的象徵。擁有這種心理地位的人，比較能建設性地解決生活中的問題，對事情的期望有所依據，也能接受及尊重每個人的個體性。

第二型：我很好，你不好（I'm OK, You're not OK）。

這種人會覺得自己總是被別人傷害，是比較單純且完美的一方。若有問題或事件發生，會將自己的不幸歸咎於他人所造成，態度易自大傲慢，且懷疑他人。

第三型：我不好，你很好（I'm not OK, You're OK）。

這種人具有自卑感。當他和別人一起時，時常覺得自己是不好的、能力較差的，而他眼中所見到的別人都是很棒的、很厲害的。他平時容易壓抑自己、習慣退縮，並常沮喪、失意。

第四型：我不好，你也不好（I'm not OK, You're not OK）。

這種人對人生不切實際，常感到茫然，也容易放棄任何希望及努力。在他心中，別人不好，他自己也不好，這種人生終究沒有什麼好期待的。

自尊不穩定者，其內在的心理地位時常忽高忽低，可能在第二型和第三型之間不斷移動。若移動到第四型了，那麼低自尊的情況就難以改變及修復了。

擁有健康且穩定的高自尊的人，自然是第一型的心理地位。他不會漠視別人，也不會小看自己，能夠肯定自己是很好的，也能夠肯定他人是很好的。在人我關係的互動中，第一型的人最能拿捏及調節與別人的關係距離，以平等互惠的心理視線，善待人我關係。

放下人際關係的階級之別

明珊就是一個心理地位很不穩定的人，她看待自己的價值常是忽高忽低。明珊時常以學歷和職位頭銜評價別人，如果知道對方是排名第一的國立大學畢業，就毫不考慮地把對方放在很高的心理位置上，以仰望和欣慕的態度面對對方。同時，她會覺得畢業於排行較差的國立大學的自己，在對方面前抬不起頭來。

此外，明珊對於比較有社會地位的職業，也特別容易充滿敬仰。只要對方的職業是醫師、律師、會計師或教授，她就覺得對方一定是十分優秀的菁英份子，一定相當聰明、智商高、能力強。這時，不論對方做什麼或說什麼，明珊都會美化對方，覺得他們做的、說的都是對的、正確的。這時，她就會覺得自己看起來比較笨、能力不夠好，不如他們在社會上的高成就和優秀表現。

明珊也時常把那些社會條件掛在嘴上。如果認識一個人，他沒有優秀的學歷、也沒有高收入的職位，更沒有什麼可誇耀的頭銜，明珊的心裡就會對這個人冒出一種不屑的態度，覺得對方是一個不知長進的平庸之輩。有時候，那種瞧不起對方的感覺，還會讓她想要離對方遠一點，好似一靠近對方了，自己也會變得同樣平庸、低俗。

大部分的時間之中，明珊都在心裡評價著自己，也評價著別人，也會以這些來衡量、決定自己要跟誰來往，不跟誰來往。她只想跟優秀的人來往，彷彿讓沾光的自己也相對優秀了。若是跟自己較不屑及瞧不起的人來往，她就會忍不住擔心自己被影響。所以，無論如何，她都不會放棄心裡的秤子，這是確保自己可以一直跟優秀的人接觸、往來的方法。

只是，明珊沒注意到，那些她越怕面臨的人物類型，才是她心中越大的情結。

她拒絕平庸、害怕低俗，用高低、尊卑的眼光篩選及評價別人，不就意謂著她心裡有多麼恐懼自己的平庸和低俗，也會被別人如此評價。當她把世上的人分類，或是分出高低之時，其實內心最害怕的就是：當她拚命往高處爬時，要是不慎跌落，就會摔個狗吃屎。

如果明珊可以試著平等地看待所有的人，不再有高低之分，那麼她與人相處時的視線，就不用再俯視或仰視，還可以因此多些機會與人靠近，建立更多溫暖且親近的關係、經驗。只是，這些都是明珊難以洞察的體驗，因為她早就被那些排名及各種條件所制約了，一旦失去心中的秤，她就不知道該如何看待自己及對待別人了。

給自己力量

達成自己真正想做的事

心中充滿位階、權勢觀念的人，心理地位容易常常產生變動。當自己不是踩在別人頭上時，就會覺得別人踩在自己頭上，還會不自覺地不停較量彼此的位階及權勢。如果比贏了，就覺得自己的能力好一點，若是比輸了，就覺得自己的能力差勁了點。但不管曾經比過千百回合，他在心中對自己的觀感和認可，還是很難肯定、很難支持自我。

一個在心中對自我價值感不確信的人，只能靠著外在的社會條件、外在包裝，不停與人比拚。覺得自己如果多了一個條件，就像多了一件美麗的裝飾，總是可以提升自己的行情或價碼，或得到別人的稱許。

但是，一個真正懂得自己價值的人，也能夠肯定自己的長才及天賦的人，即使沒有那些美麗的裝飾、條件，一樣會透過自己的付出及實踐，實現自己想要完成的目標或計畫。只要你達成自己真心想做的、想實現的，都能增強你的自尊程度。重要的，不是你到底獲得了什麼美麗的報償或條件，而是在艱辛的過程及最終結果中，你真的做到自己想做的，這才有益於你更加厚實地認識自己。

Shift Thinking

重要的，不是你到底獲得了什麼美麗的報償，而是你真的做到自己想做的事。

29 對於如何保護自己，沒有概念和能力

如果我們對於如何照顧好、保護好自己一無所知，就很容易為自己選到不良的關係、環境。

自尊偏低的人，都有同一種問題，他們不知道護全自己究竟是什麼樣的概念，他們幾乎對如何照顧好自己、保護好自己一無所知。

於是，當別人損害他們自尊的情況發生時，或是遇上別人對他們羞辱、謾罵、批判及人身攻擊……等等事件時，他們不僅不知道要隔離、迴避、離開，有時候，還特別身在其中，把那些惡言惡語及充滿傷害的對待，聽得更清楚，更加牢記在心裡，好似別人所說的惡言惡語，都是自己必要刻在心頭的，不能輕忘的。

人都有趨吉避凶的本能，為自己擇良地而居、擇良木而棲，應是一種天性，但

對低自尊的人來說，只要是「好的」、「幸福的」事物，自己都不配擁有，反倒是差的、劣質的、充滿危害的事物，才是最適合自己的。他們誤以為，只有讓自己待在差一點的環境，和較劣質的人際關係相處，才不至於被挑剔、厭惡、羞辱及酸諷他不夠資格。畢竟自己已經低就了，還能如何被人批評呢？

因著這樣的念頭，低自尊的人很容易為自己選擇不良的關係、不良的環境。原本他們希望如此選擇，可為自己換來安全及舒心的處境，卻沒想到，那不良的關係及環境，只會為他們帶來更多得寸進尺地剝奪與佔據，還有更多的鄙視和虐待，並且無窮無盡。

低自尊者的無能為力感，常反應在他們受到虐待或欺凌時。他們內心會軟弱地認為這就是自己的命；命不好的人，也只能任由他人的擺佈和侵害，卻從來沒有一刻勇於為自己捍衛，堅決地表態出自己不允許這種不合理的對待和欺凌。如果連自己都覺得可以任人欺壓，又有誰會覺得應該尊重及保護我們呢？

在遭受迫害、任人對待時，他們還會為別人找藉口，或合理化他人行為上的諸多不合理。然而，這只是他們用來掩飾自己害怕衝突，恐懼自己無能為力保護自己的表面說法。他們體認自己的弱小，已到了缺乏現實感的地步。在他們心中所想像的自己，彷彿螻蟻一樣，隨意地就可以任由別人捏死。

因為他們內在缺乏韌性，不相信自己的生命力是強韌的、堅毅的，因此時常陷入對死亡的恐懼和陰霾中，並且對此無力抗拒。他們之所以會如此體認自己薄弱的生命力，除了幼年時常經驗到體弱多病，在死亡邊緣遊走；另一種可能，就是活在暴力的威脅及恐嚇中，隨時都擔憂會沒命。

他們從未體會過什麼是自己的安全堡壘。不僅現實生活中，自己沒有可安全依靠的對象，心中也沒有內化過的實質安全感。所以，他們心中，像是永遠活在一個弱小無助孩子的狀態，覺得自己沒人保護，只能任人欺負。

每個人在幼年時期，都需要透過照顧者的保護和關照，體認自己的生存是安全的。因為有一個安全及穩定的照顧者存在，我們的生存也得以安穩，能獲得照料。當我們遇到危險或受傷生病時，這個安全、穩定的照顧者，對我們的照顧和護衛，也會成為我們內心的典範。這不僅能讓我們體認到什麼是「照顧」和「護衛」是什麼，也讓我們有了保護自己的基模。

但若是我們的早年生命中，不僅時常發生傷害事件，再加上保護我們的大人不得力，也沒辦法應對那些傷害及衝突事件，他們所呈現的軟弱無力、任人欺壓、畏人怕事，都會讓我們的內心埋下恐懼及無助的陰霾，也認定自己在面對他人時，只能居於弱勢及下位。

在這種情況下成長的我們，在日後遇見危急或混亂的衝突時刻，會立即引發內在的焦慮及不安。自己會開始過度防衛，一味意氣用事，受情緒牽制，不然就是在毫無理性思考的情況下，陷入恐慌之中，不知如何反應及處理。

認定自己是弱者，所以不願面對衝突

瓊意的身上始終散發一種「弱者」的氣息。只要有人說話大聲一點，她就不禁心跳加快、胃部抽痛，很想躲避外界、隱藏自己。她向來不喜歡與人爭執，只要遇到與人一言不合的情況，她就會立刻閉嘴，保持沉默，趕緊轉移對方的注意力。

但瓊意也不是每次都能順利躲避或轉移衝突的場面。若是遇到稍微強勢的人，說話得理不饒人時，她就會一度語塞，頭腦一片混沌，不知如何應付。身處這種情況下，瓊意心裡有股莫名的委屈，好似自己人善就只能被人欺，而別人說起話來頭頭是道的強勢，也令她不知道如何應對。瓊意心中不明白，為什麼人們溝通時不能更斯文、更有條有理或更相互尊重嗎？為什麼總存在著那麼多具有張力的情緒，威嚇著別人？讓她聽了就害怕，莫名地擔心會被傷害。

瓊意總有種感覺，自己是一隻叢林的小白兔，而叢林裡滿是嗜血的狼和冷酷的獵人，若是一遇到他們，她就只能任他們宰割，必死無疑。而這種過度誇大自己「弱勢」及「無能為力」的情況，其實是一種神經質症。

所謂的神經質症是基於一種心因性的原因，造成自己生理上的強烈痛苦，卻無實際事實的佐證。簡單而言就是：**我們會在大腦中透過扭曲的信念，認定自己的弱小及無能為力，而「漠視」自己的能力，並「誇大」他人的強大及威脅**。如此可避免自己與別人爭奪及衝突，認為只要不斷迴避正面衝突，才是逃過一劫的保命方法。

別讓自我被嚇得縮小了

這種神經質症，大都因為幼年時期曾發生過自身受到威脅的驚嚇經驗。若生活周遭再加上強悍、霸道人士的存在，會更加深自己的弱小，及他人的可怕。

然而，多數人都會在成長過程，透過生活中發生的事件，一次次地面對實際的考驗和磨練來體認：雖然幼年的我們保護不了自己，但長大的我們，已經具有不同的能力、不同的力量、不同的思考，來面對不合理的處境，及那些不適當的對待，藉此一步步地化解早年過於主觀、缺乏客觀角度的認知，並能真正地了解情況、分析問題，以及獲得解決問題的能力。這是我們的成長的意義，也是成長的回饋。

但若有人因為缺乏客觀距離的調整，以致無法重新檢視事實，而對自己抱持僵化的主觀認知，不斷地深化自己的弱小及無能為力，就可能使得自我成長的機會停滯，甚至退化到必須與他人共生，拒絕獨立，以此確保自己得以生存下去。

雖然這樣的人格發展歷程，並非用低自尊就可以解釋一切，但若不是起源於低自尊的自我狀態，也不會持續地弱化自己，及不斷地剝奪自我成長的機會，抹去自我茁壯的可能。一旦我們連「自我」都可摒除、漠視、忽略，又怎麼可能知道什麼是愛護自己、照顧自己呢？這無疑是緣木求魚。

給自己力量

建立「我做得到」的信念

那些在生活中時常被別人置之不理或任意被對待的人，他的主體性是被漠視和忽略的，甚至，可以任人支配和控制。如此情形下，他又怎麼可能保護「自我」，而允以成長茁壯呢？

在日常生活中，若一個人為了求得一時的風平浪靜，或是不製造衝突，總是任人忽略、支配及安排，那麼此人的自我，就必須受到壓抑，或是任人剝奪壓迫。當自我被扭曲了，內在就無法獲得健康及穩定的成長，他的所知所覺、所思所感，都會在這一連串的生活經驗中，被削減或被去除，那麼原本可以長出來的力量和能力，也就被抑制及消除了。

這就是為什麼有些人看起來外表是大人，內心卻活在孩子的狀態中，而且是一個退化的、無思考能力的、對許多事務不知如何處理的孩子。彷彿自己從未經歷過學習及成長，對於人際關係的應對進退，完全無能及一無所知。

事實上，要剝奪一個人的成長能力，讓他活在發展遲緩的狀態，是人為可做到的。只要剝奪他的學習機會，減少大腦的刺激和活絡，隔絕人際社交的訓練，那麼這個人的自我發展就會因此封閉及退縮，並造成難以彌補的缺失。

所以，如果你想鍛鍊自我，提升自尊，就需要學習不再以過往的眼光認定自己，並且不再因為那些恐懼及不安的情緒，任由自我封閉及退縮，習慣性地以迴避和躲藏來面對所有生活問題及人際關係的衝突。

當你一次不學習面對，就一次地累積了「我無能」、「我不會」的認知信念；也再次地弱化自我的能力，和再次說服自己必然失敗。若你不想再壓制、剝奪自我成長的可能，那麼就別再這樣折損自己，讓自我擁有一次成長的機會吧！

Shift Thinking

讓我們走出外表是大人，內心卻活在孩子的狀態，讓自我擁有成長的機會吧。

30 幼年時，被過度檢討的「灰姑娘」

當關係到自己生存上的安全感，人人都會受制其中。

自尊較低的人，在幼年時，都曾經歷過被某人強迫自己必須檢討的情況。在那些備受檢討的日子裡，還常無憑無據地被扣上「一切都是你的錯」的帽子。當然，這絕對不是事實，任何問題都不會因為只是一個孩子的錯，就發生不可收拾、不可解決的事件。

這種會把所有問題推託給一個孩子，讓他必須承受所有責難的行為，往往來自一個戲劇性人格的大人。具有戲劇性人格的大人，常常誇大地把事情渲染、災難化，用不切實際地描述，簡化問題的脈絡及緣由，將責任推向某個還沒有能力抗拒及辨識的孩子身上。在孩子弱小無助的心靈上，種下「一切全是他所害、是他的錯」的念頭。

想將大人的人生重擔歸咎於孩子的想法，本身就是一種謬論。無論是基於自己所選擇的關係或婚姻正痛苦膠著，或是無法挽回伴侶的心及情感、無法面對龐大的經濟壓力，還是不順心或厭煩……等等，若一個大人都覺得難以承擔、應付這些困境，對此心亂如麻，一個孩子又怎麼可能一手左右或決定呢？

但一個不願意承認自己能力有限、不甘心屈服、示弱，及不承認自己其實有情緒困擾的大人，都可能將內心強大的壓力及情緒的痛苦，任意地歸咎到一個無能為力保護自己、無法為自己辯護的人身上。而這些對象，往往不是小孩，就是老人。

他們需要依靠別人（依靠父母或依靠長大成人的孩子）過活，為了自己的生存只好依附在其他人身上，並非任意就能離開、獨立過活。所以，即使被自己所依靠的對象發洩情緒、惡劣對待、慘遭虐待，也只能無言忍耐，被迫承受。畢竟，這關係到自己生存上的安全感，人人都會受制於其中。

若有一個孩子自小就生活在猶如灰姑娘的處境中，受繼母指揮、命令，受盡同父異母的姊妹欺凌、壓迫，並不斷被再三挑剔，那麼，不讓自己活在害怕出錯、害怕被指責的恐懼中，實屬困難。

或許我們沒有活在如灰姑娘那樣孤苦無依的家庭處境中，卻可能活在一個備受檢討和挑剔的生活情境中。不論自己做了什麼事，總是被檢討，或是直接被否定；好像我們沒有能力和權利去做任何事情，若做了，就只有被糾錯或被叨唸不完的責備，令自己難受。

擁抱成長過程中，曾被嫌棄的自己

從小，美倫不論在家中做什麼，就常常被罵或被唸，大人們常把這些叨唸美化為「我都是為你好，才會告訴你」。

美倫若是寫作業寫得比較久，就被說：「你怎麼那麼笨，作業為什麼要寫那麼久？」美倫若是晚幾分鐘才到家，就被說：「你是不是在路上玩到忘記要回家了？也不知道要回家幫忙做家事。」美倫若是說，她想要參加學校的遠足，就被說：「家裡為了養你老是在花錢，你竟然還這麼不會想，想叫家裡拿錢讓你去玩！」

在美倫的記憶裡，她是不能擁有想要的東西的；若是想要什麼，不僅得不到，還會被數落一頓，家裡經濟不好，都是因為要養她，因為有她這樣一個需要不斷花錢的小孩。

美倫自小最常聽到的那幾句話，她都會背了：「都是因為你，家裡才那麼不好過」、「都是你這麼不懂事，我才那麼辛苦」、「都是你不會想，才會製造那麼多問題和麻煩」……所以，美倫告訴自己：「這個家就是因為有我，才這麼不快樂、這麼窮，一切都是我的錯。」

即使長大後的美倫，只要賺了錢就往家裡送，一有獎金就買好東西回家供應父母。她總以為這樣，自己就能稍微被家裡肯定：有她這個小孩，是這個家裡的福氣。但她買的東西，總會被父母嫌棄，不是被說浪費錢，就是被說她一定賺更多，只拿一點錢回家搪塞，是個自私自利、只顧自己的孩子。

美倫聽到那些傷人的話，總是難過到默默流淚，不懂為什麼自己在家人眼裡，就是那麼惹人嫌，沒有一件事做得對、做得好呢？從小到大，家裡一遇到不順心的事，或缺錢的麻煩，她就被大人說：「閃一邊去，都是你帶衰，分明是來討債的」。為什麼自己生下來，就沒理由地不被喜愛、不被接受呢？

這些美倫想不懂的問題，總是糾結著她的心。雖然美倫感受不到親情的溫暖，也體會不到這個家是她人生的依靠，但她還是想聽到家人一句真心的讚許，證明她的存在，是這個家的福氣。

即使如此，美倫也不願意接受自己的父母冷漠又無情的現實。其實，她的父母心裡想的只有自己的需求和利益，根本沒有什麼能力和意願為孩子多設想一些，自然對如何教育和照顧孩子也沒有什麼想法。他們覺得日子能過下去比什麼都重要，講那些不著邊際的親情關係及家庭情感，都是吃飽太撐的事，沒意義也沒必要。

給自己力量

家庭的困境，不是你造成的

對孩子而言，父母的愛及接納，無疑是自尊形成過程中最重要的養分和支持。生命之初最那麼重要的兩個人，如果可以了解到所有的生命，特別是孩子，是多麼需要正向情感的安撫，以及需要讓孩子安心、親近的關係，那麼，他們就不會把孩子視為可以被任意對待的東西，不顧孩子的感受，也不在乎孩子的想法。

人的心理存在著最重要的兩部分：一是情感，二是理智。任何關注心理學的人都知道，所有的生活經驗都會成為我們性格的一部分，也會成為我們情感和理智模式的來源。

父母當然無法把握能讓孩子一生都不受到傷害，也無法確認孩子所經歷的生活經驗，都會對其產生正面的影響；但刻意製造的負面影響，及不加思索地無情對待，則會損害孩子對自己生命的尊重度及接受度，也會決定孩子日後的人生——他會活在痛苦不安的自我懷疑中，還是活在安心自在的自我認可中。

或許，你不能決定過往的自己，究竟會經歷什麼遭遇，或許可怕、殘忍的經驗真的曾發生在你的人生裡，讓你誤以為這一切都是自己的錯。但請你試著以成年人、明事理的眼光和角度，真正地去認知、去理解，犯下這個錯的人是誰？他做錯了什麼？不要再過度簡化這些曾經的傷害、錯誤，以及任意歸咎在自己或任何人身上；而是試著客觀地、理性地、全面地、完整地重新再檢視一次這些歷程中的錯誤是什麼、問題是什麼、前因後果的脈絡又是什麼？

然後，還給你自己一個生命的新空間，允許自己不要再輕易地背負這錯綜複雜的家庭問題或人生問題。還給你自己自由和公道，放下自己長期所背負的一切罪疚，讓自己好好地吸一大口氣，一大口自由自在的空氣。

最後，真正地釐清，這些往日裡家庭境遇的困難或父母的人生問題，都是錯綜複雜、盤根錯節的，這絕對不會是一個孩子的力量所能造成，當然也沒有理由讓一個孩子來背負。

Shift Thinking

你無法決定自己的經歷，但可以試著從成年人的角度去理解歷程中的錯誤、問題及前因後果。

Chapter 4 超越低自尊——

不卑不亢，活出不被外界影響的人生

當你願意把自己視為「生命中最重要的人」，
再沒有任何人事物，
足以否定你的存在。

Introduction
引言

閱讀到這裡，對許多人來說，對「自尊」的認識及概念，可能有點基礎了，卻又可能不是很確定，一個擁有穩定高自尊的人，在人我關係之間的互動，會如何應對進退？又會如何與人建立關係？

關於人類「自尊」的相關研究及發現，是始於西方的心理學，但對「高自尊」、「低自尊」的理解和探究，則隨著不同社會的演變歷程及文化情境的轉變，而有所建立和調整。即使到現在，心理學家對於自尊的研究仍在探究之中，特別是針對性別的因素、地區文化的因素、現代化生活變遷的因素，對自尊的影響和形塑，仍在持續了解中。

當然，每種社會文化對於自尊的理解及概念，也都在發展中。

對華人社會來說，可能很容易將「自尊」誤解為「自我感覺良好」。我們以為高自尊的人，就是那種總是自我感覺良好的人，不管他人的評價，也不在乎回饋社會，我行我素，自我中心。然而，自尊所牽涉到的內涵及觸及的範圍，並不是這麼表淺的。在現今偏向負面詞義的「自我感覺良好」，所描述及實際展現出來的行為反應，更接近於「自戀人格」的狀態，而不是高自尊所著重的「自我尊重」程度，以及有關自我認同、自我價值的「自我效能」層面。

長久以來，心理學對「自尊」研究的定義，目前傾向認為高自尊的人，較會做出對社會有助益的行為，且能從中發現自己的價值；而低自尊的人，較無法信任社會和群體，因而成為社會退縮（導致個人避免與社會接觸的行為），或社會中的破壞者。這無關乎一個人是內向或外向，內向的人不必然就會社會退縮及離群索居，外向的人也不必然一定會投入群體，做出對社會有貢獻的事。

就這樣的定義來說，穩定的高自尊者，是偏向共好互惠的實踐者，對於自我和社群關係，都樂見其成，並獲得有意義、有希望的提升及進展。

「穩定的高自尊者」不會以貶抑及傷害自己的方式，來換取他人的快樂及幸福，也不會以彰顯及誇耀自己，來剝奪及損害他人的安全及幸福。

對穩定高自尊的人而言，這世界不是唯我獨尊的存在，也不會視他人為至高無上的存在。因此他的視野可以看見自己，同時也能看見多數別人的共同存在，甚至其他生物的共同存在。當他想到自己時，他亦能想到他人；當他思考到他人時，他亦能關注到自我。他會明白，「關係」是互為主體的，每個人都是不同個體，都有其生存的角度和立場，也有各自行事作風的脈絡和前因後果，他不僅會試著理解，多方思考及觀察，且不會落入主觀的唯一解讀及論斷，或忽視他人的主體存在也是同樣重要的事實。

當然，這樣的人行事較周全，待人較緩和，也不會逞自己一時之快，好當個人主義英雄，好強於爭鬥輸贏，而難取得「我好你也好」的共榮共好。

如果，要簡明闡述「穩定高自尊」究竟是什麼樣的一種人格狀態，那麼成語「不卑不亢」所形容的：「說話辦事有恰當的分寸，既不低聲下氣，也不傲慢自大」，就十分貼切。

「不卑不亢」的成語典故，源自春秋末年齊國宰相晏嬰奉命出使楚國的歷史。楚王百般刁難晏嬰，先是讓他從小門進城，然後笑辱他是矮子，用最差的飯菜招待他，最後用兩個齊國的囚犯羞辱他，但這些舉動，都被晏嬰不卑不亢的態度，及卓越的外交才能所克服，讓原是辱人者的楚王，反而自取其辱。

這也告訴了我們，一個人待人接物的態度及反應，來自於他內在的心態及對自己的觀感，他會不會以誇大及膨脹自己，來為自己獲得尊敬、禮讓、尊崇？他會不會矮化及貶抑自我，來求得他人的施捨及同情，以滿足卑微的存在需求？

恰如其分的自尊，才是個體安穩安在的堅固地基。

在第四章中，我將說明及提供十種建立穩定高自尊的方法，讓我們在平日的人際關係互動及生活歷練中，試著為自己攝取好的自尊養分，持續地儲存好的自尊能量，並減少對自我、自尊的不必要傷害。特別是，能即時停止無意識的自卑循環，避免自我貶抑的發生。當我們知道如何減少耗損，又知道如何增強及穩定內在，自尊自然就能豐足增長。

「自尊」，雖然無形無影，摸不著也看不到，但就像空氣一樣，是每個人生存於世的重要需求。而處於低自尊狀態的我們，就像不斷地處於空污之中，不僅無法讓自體活得好，也可能因此罹病，造成健康上的危害。

自尊上的障礙或損害，會讓人活在沮喪、焦慮、不安、失衡、及調節困難的情緒痛苦中，不僅無法照顧、守護自己，更會造成關係的緊張及破壞。

唯有我們好好地平復內亂，安定內在領土（自我），才可能與鄰邦（他人）擁有和好、平等及良性的互動關係。

31 從求好心切的陷阱裡解脫

求好心切的人，心裡真正化解不了的是：自幼年就一直感受到被數落、被貶抑的酸楚。

不少人都活在「事事求好心切」的自我要求中，以為這是一種盡責的態度和承擔，如此自己才能算是盡心盡力。然而，在「事事求好心切」的背後，所想隱藏及想覆蓋的情緒，是自己害怕被指責和被認為不夠好的恐懼。

為了怕被指責「不夠好」或「有缺失」，我們就必須比那些可能會責備自己的人、看穿自己的人跑得更前、更快、做得更多。只有自己做得盡善盡美，讓人挑不出缺點、毛病，才算是致勝、完美。

這是低自尊又想追求高自尊狀態的人，為了贏（絕對致勝）所想出來的辦法。

然而，在心理的底層，卻是來自害怕輸的恐懼不安。

同時，還有來自內在心態的投射：因為太過在乎自己的表現，以致所投射出的外界也會如此看待自己。以為周圍環境的每個人都像自己一樣，一直盯著每個小細節，就想找出自己還不夠好、不夠優秀的地方。

其實，很多人都忽略了一個事實，這世界其實沒有那麼多人，會花所有時間，時時盯著你、挑剔你。這些如影隨形的監視目光，都是來自你內在認為自己不足的恐懼和猜疑。其實不用真的有人告訴你「應該要如何做才能更好」，你早就無法放過自己，不斷數落及挑剔只有自己感受得到的小毛病、小問題。

追求完美的人，自尊都曾受傷

「求好心切」的人心裡，真正化解不了的是：自幼年開始，就一直感受到被數落、被貶抑的酸楚。面對自己被數落、貶抑時的難過、辛酸，以及滿腹的委屈，不僅從來不被關懷和理解，反而，還有人會不斷加深這種認知：「若不是你真的做得不好，怎麼會被人挑剔，被指責呢？」

在這樣的謬論下，受傷的自尊不僅無法獲得理解和修復，還會更加固化自己的邏輯推論：「只有我做到讓人無可挑剔，不再被數落了，才證明我夠好、夠優秀，才能讓看衰我的人另眼相看」。於是，卯足全力地要自己注意每個再小不過的細節，把所有的過程反覆地、前前後後地檢查、訂正及思量，就怕被誰挑出任何一點小問題或差錯，讓自己一切的努力都白費了。

這種想以自我要求達到完美的人，在自尊的層面都有受過傷的傷口。

他曾經在別人的責備和挑剔中，不停地怪罪自己怎麼這麼不小心，以致於讓人批評、讓人不滿了。他無視於自己感受到的難過或傷心，也不多加關懷自己的挫折和失望（也許還有震驚）。只是內化了別人的評價和責備，認同了別人的觀點，視自己為糟糕及差勁的傢伙，把自己釘上可惡、可恥至極的標籤，斥責自己的缺陷和瑕疵。彷彿有缺陷和瑕疵，就不配活在這個他高攀不上的世界。

擁有這種思考的人，並不認為生命的價值是在「生命」本身，而是在他能做對多少事、完美地達成多少任務。他把自己視作一個會做事的工具，還不容許自己犯錯。在比任何人對自己的要求都還更嚴苛的情況下，他不相信有人能再指出他的失誤、再說他的不好，因為這是他心中最害怕面對的事。

其實，這只是一個自己設下的陷阱，想以事事求好心切的努力和執著下，讓自己完美得無可挑剔，來保證自己毫無瑕疵。這種「瑕疵恐懼症」是一種神經質症。對於事物除了缺乏整體性的觀看能力，還容易以偏概全，會以非常小的一點瑕疵破壞及放棄了其它好的部分的存在。

如果我們具有現實感，就會明白，「追求完美」是一種焦慮下的陷阱，以為自己行事上能夠趨近完美無瑕，卻總在最後臨門一腳時，看見一個微小不過的缺失或瑕疵，而全盤地否定了努力的過程及其它部分，然後落入痛苦深淵，期待下一回合的力求完美能為自己翻盤，反敗為勝。偏偏這樣的經歷會一再循環，無論自己如何地力求完美，同樣在臨門一腳的時刻，我們又會看見那些不該存在的缺失，於是，再狠狠地數落自己，把自己推向挫敗深淵，期待從谷底爬起時，下一回合的自己務必邁向完美，直到不再有瑕疵。

但處於這樣反覆的歷程中，對我們究竟有什麼意義？

這是一種心理的詭局，我們定了一個任何人都不可能達成的目標、不切實際的標準，卻要自己賣力追逐；最後，因為現實上的不可能，而造成自己一次次地挫敗和跌落，來加深「我不完美」、「我是不好的」的自我感受。

低自尊的人會在無意識中扯自己的後腿。即使好像費盡心思、力求完美，他也會在無意識中，留下幾個會被抓到的錯誤、會被指正的小問題來讓自己前功盡棄。

例如，做好帳目卻在結算時點錯金額、文章寫好卻在文中帶有些許錯字、一切準備就緒卻在最後時刻遲到、已將資訊收集完整卻在歸納時漏掉一兩則……所以越力求完美的人，越容易找到自己的錯誤，不然，就是越容易出現前功盡棄的結果。在這樣的心理運作下，難以自己為榮，更不可能實質地肯定自己。

生命價值，不在於能力有多好

一個願意肯定自己的存在是正面價值的人，就不需要凡事都以求好心切的條件來框住自己。因為，做事是可以不斷修練和精進的。一個一開始不太會做事的人，只要有心，都可以在做事的歷程中，讓做事的方法和步驟更有規則和次序，也能從中累積辦事的經驗，提升自己的能力。然而，這些都無損一個人生命的存在價值。

將一個人生命的存在價值，等同於多會做事、辦事，這是過去傳統家庭中透過生養小孩來做為人力、生產力的作法，並以一個人對家庭有多少貢獻、能滿足多少需求，來論定存在價值。但這樣的家庭及社會文化，讓許多人把自己視作很會做事的工具或機械，卻不把自己視為一個有感受、有情感也有思想的人，自然只偏好專注在自己的執行成效上，卻忽視了自己內在的情感需求，及所需要的鼓勵和肯定。

給自己力量

每個失誤都有改善的方法

你需要能夠辨識：「做事是做事」及「做人是做人」。

即使做事時出現差錯或疏忽，都可以思考解決及改善的方法，再去面對、處理和善後，這才是勇氣和承擔的鍛鍊。而不需要以做事的結果不夠完美，來論斷自己生命的瑕疵和缺失。

一個擁有穩定高自尊的人，並不懼怕事情不盡理想，或未照著計畫完美進行，他能彈性應變，視實際狀況而調整作法。即使有所缺失和危機，穩定高自尊的人也不會因此抨擊和貶抑自己，反而會穩住自己以應對情勢。之所以能做到如此處變不驚，是因為穩定高自尊的人，傾向做好自己能準備的，至於不可控的外力因素及其它條件的變化，就不必歸咎為自己的失誤和瑕疵。如此地思考，就不致損及自尊及自我價值，造成內在不可調節的慌亂失措。

Shift Thinking

做好自己能準備的，至於不可控的外力因素，再視實際狀況應變。

32 為自己多點設想，未必對別人沒有貢獻

若是我們為別人付出時，違背了真實的自我，那麼這份犧牲或貢獻，實則來自內在空虛所釋放的煙霧彈。

自尊偏低的人，由於生長於過度貶抑、責備、要求，及缺乏正向肯定的環境，因此常會認為在關係中，沒有全力為他人付出、為別人貢獻，自己就是一個不中用、沒價值的人。再加上華人社會及家庭觀念之中，長輩往往會希望他人照著自己的意思做，因此常出現以高壓姿態責備對方的控制用語：「你好自私自利，只想到自己」，來要求對方放棄為自己思考和選擇的權利。

這是我們社會中一直以來的人我相處慣性，因為害怕對方擁有獨立的思考能力和情感能力，所以總是以灌輸的方式、擔憂的態度，去指正別人應該怎麼想、怎麼

感受才對。雖然將此美化為關懷對方的心意，實質上卻是控制別人的行為舉止，對人我關係界線的侵犯。

低自尊的人，也很容易去貶低別人的自尊、希望控制對方應該怎麼想、怎麼感覺，以避免別人的地位凌駕在自己之上。同時，低自尊的人也會輕易被剝奪自主和自由的權利，認定自己應該順從權威者的控制，照著權威者的指令行事才對。所以低自尊的人，容易被操控，也會變成操控者的順應者，去說服別人也該被操控。

如果，你感到自己容易因為別人怎麼說（特別是恐嚇、威脅及負面否定的訊息），就會因此改變自己的意志、選擇及思考。這不僅是人我界線過於鬆散所致，還有自尊的低落、缺乏自我認同及自信，讓你心生懼怕，而無法護衛及堅定自己的想法和觀點。特別是在需要為自己多點設想及考慮的時候。

別把自己的價值，依附在他人和關係上

我們之前已經探討過了，低自尊者是那麼害怕自己被指認為不夠好，所以也會

害怕在關係中呈現自我。他害怕當有自己的想法或感受時，而讓別人討厭他及離棄他，就更證明了自己是不好的、自己是被嫌棄的。因此，低自尊者大多常以「我沒關係」、「都可以」、「我不重要」、「我沒想法」……來做為維繫關係的方法，及回應的方式。

他們害怕因為「自己」太突出、太冒出頭，而招來別人的指責和批評，以致被背叛和拋棄，或遭受各種無情及殘忍地對待。他們極度害怕表現自己的想法，覺得「自我太強」、「表達自我」是一件非常可怕、危險，以及會招來不利禍事的禁忌。

但他們壓根想不到，自己會不斷遭受到他人殘忍及無情地對待，就是因為他們一直壓迫自己的存在，不斷去除自我的力量。

他們把自己的個體是否得以安全存在，完全取決於他們想依賴的人，是否願意給予他們關注和支持。即使，關係中的他人並無實質供應自己的需求，也沒特別關注自己，他們也會捨棄看見自我有活下去的能力和力量，繼續依賴別人。他們無法給予自己獨特性，無法感知自己是一個完整的個體，因此在對自我的存在如此含糊不清的情況下，只要失去他人、失去關係，都會讓他們覺得自己在這世界上失去生存的意義。

透過被需要，逃避分離和獨立的痛苦

有一位已五十歲的女性，她不僅有二十多年的工作經歷，所賺的年薪也非常可觀，可是她一生都沒有談過戀愛。

她除了必須為母親打理所有的生活所需，也一直在供應弟弟妹妹的學業和生活開銷。從工作後的第一份薪水開始，她就將薪資的四分之三都交給母親，因應那些大大小小的各種開銷。

二十多年下來，她始終和母親睡在同一個房間裡，一直使用著舊有的書桌和衣櫥，反倒是弟弟和妹妹都有了各自的房間，還隨著年紀和生涯變化將房間重新裝修及布置。

即使工作了二十幾年，她沒有自己的積蓄可以選擇不同的人生安排。她的生活就是為了滿足母親和弟弟妹妹的需求，而她幾乎沒有任何自己的渴望和需求。每一天的生活，就是跟著母親團團轉，母親要她去處理什麼事，她就去處理什麼事；母親希望她怎麼做，她就照母親的意思去達成。

有些認識她的人，都覺得她為原生家庭及母親付出太多了，付出到都失去自己了，根本沒有屬於自己的空間、時間、喜好、興趣……這些關於一個人存在的根本，但她還是不覺得這樣有什麼問題或有什麼不好。如果可以讓母親感到開心或安心，不就是一個孩子存在最有價值的事嗎？

她完全無法覺察到，她讓自己成為照顧者，讓母親非需要她不可，也讓自己不用體驗分離和獨立的痛苦及艱難。藉由這種無法和母親分化為不同的個體的方式，她讓母親吞噬掉自己，讓自己和母親成為密不可分的共生體。看似很緊密的母女關係，實質是已經分不清楚誰是誰的共生狀態。

即使，她已經為家裡付出許多，給出常人難以付出的部分，她還是恐懼有那麼一刻，自己會因為有了「自我」，而變得自私自利，不顧母親的需要及感受。她之所以會以母親的感受為自己的感受，以母親的需要為自己的需要，除了她無法正視自己的存在是何等重要之外，若去除了照顧者及供應者的角色，她恐怕會因為自己無法貢獻了，而對自我的存在感到空虛而心慌吧！

你不是工具人，為自己設想天經地義

往往我們在關係中，顯現於外表形式的是一種情況，實際上的情況卻又正好相反。越是對別人十足貢獻，害怕自己讓別人失望和傷心的人，往往是害怕自己內心失去價值、處於空洞的絕望，害怕看見自己孤伶伶的人。

當自己越是空洞空虛，就越要抓緊關係，越讓別人需要自己不可，這樣才能讓自己不再看見內在的殘破和黑暗，有多駭人。

一旦我們的外在行為和內在狀態呈現極端的狀態和運作，都是一種失衡及失調的顯現。因為過於極端地擺盪，所以常常將自己置於「我不得不如此」的處境，才能獲取一點兒補償或恐怖平衡。由於內在太害怕巨大的自我需求及渴望甦醒，只好讓自己全然地為別人貢獻及付出，來避免內心那隻失落及空虛的怪獸從沉睡中清醒，於是，奮力壓抑及摒除任何為自己設想和考慮的空間。深怕一旦為自己考慮了、設想了，那隻不滿足的怪獸就會從內心底層衝出來，鬼哭神嚎、咆哮怨懟。

為了避免看見自己內在真實的殘缺、恐懼、不安及痛苦，我們就會以非常多

「我不得不如此」的設限，來讓自己動彈不得，以致沒有任何機會和縫隙，去接觸內在真實的自我，究竟在感受什麼、體會什麼、經驗什麼。

若我們可以嘗試為自我和他人之間，取得關懷及照顧的平衡，那麼，我們就不用以極端、攞盪及失調的方式，剷除自我，以及過度依賴被他人需要的感覺。

事實上，即使我們有為自己設想及考量的時候，也不意謂我們就會遺忘別人，漠視他人。自我和他人，一直都是共同存在的事實，而不是只能允許其一存在。當我們在為自我設想及考量，也並非如幼年時被灌輸的錯誤認知，以為那是出於「自私自利地不懂事」。我們可以試著明白，就因為自己懂事了，所以知道為自己設想和考量，是我們必須學習自我負責，為自己的選擇勇於承擔後果。

在進行所有的設想和考量的同時，自己並非封閉地一意孤行，仍存有對他人的關懷及重視、付出的心意，以及願意真心給予對方回應。我們不需要力求極端地全部給出，認為這樣才算極致地證明自己的付出和貢獻，是完全的無私。

你要知道，如果沒有「真實的你」存在於關係裡，這一段關係都不能算是一段「真實存在」的關係。少了你的心靈和情感在當中交流互動，只有那些理所當然地貢獻和付出，你怎麼算是完整真實地存在呢？你既不是工具，也不是某個角色而已，你是你，完整的你，是超過那些角色及功能的人。**身為一個生命，你有為自己活出有意義的人生所必須面對的考量和設想，這些都不代表你只在乎自己。**

事實上，當你活出有意義、有品質的人生時，自然就能為這個世界、為他人帶來好的影響、好的貢獻。因為關係是相互牽動的，當一個人活得好，擁有健康的自我，就能影響別人活得好、活出健康的自我，也能讓自己接觸到的社群朝向好的、健康的方向發展。所以，不要害怕為自己好好設想及考量，你只需要記得，當你為自己設想及考量時，你也能理解別人需要為他自己設想及考量的需求。當你有所斟酌及顧慮時，你也能明白他人亦有自己的斟酌及顧慮。當我們能安頓、安穩了自己，才能真正好好地照顧、關懷他人。

給自己力量　付出，不能成為逃避人生的煙霧彈

在關係裡，犧牲自己、貢獻自己，成為別人存在的養分或光芒，雖然這被視為一種愛或奉獻的表現，但若是沒有完整及健康的自我做為付出的基礎，那麼這一份

犧牲或貢獻，實質是來自內在的空虛和無價值所釋放出的煙霧彈。讓你藉由別人的成就或存在，來做為自己活著的價值和意義。

若是把關係挪去，或是有一天對方不再需要你付出時，你的自我價值感和自尊，就會崩塌毀滅。那時，你想尋找自我，才會發現你對自己一無所知，茫然無感。

健康的人我關係，是建立在自己和他人都保有安穩健康的自我和自尊的基礎上。若是有一方被漠視、被視為不必要的存在，或被剝奪個體性，這都會形成無法分化為兩個獨立個體的問題，讓彼此之間相互吞噬，而無法安然共存。

Shift Thinking

當我們懂得為自己設想及考量時，也能理解別人為他自己設想及考量的需求。

33 守護內在的情緒空間

如果我們維護不了自己內在的安全領土，就無法確保心裡的安全基地不受任何戰火波及。

若希望自尊安穩，就要確保自己內在空間的完整性，不任由他人侵害及抨擊。在這獨立的心理空間，你可以擁有自己的情緒狀態，可以允許自己擁有專屬自己的感受和想法，這些都不需要得到他人認同才能存在。

想維護好自己內在的空間，就需要建立完善的心理界線，這界線要有彈性但絕不鬆散，也不會受到外界的干擾混淆。情緒界線若是混淆不清、鬆散崩解，他人的情緒或言論都會輕易地侵入你的內在空間，佔據你的心理、影響你的生活。

這時，不僅他人能輕易讓你的情緒隨波起舞，也能輕易地操縱你的喜怒哀樂。

因外在聲浪而混亂的心

在生活中，我們的情緒、感受是很容易受人擺佈和操縱的。

例如，才剛上班，同事就悶不吭聲地走到你身邊，像是好心來給你通風報信似地對你說：「你知不知道昨天你下班後，老闆跟我說什麼？他擔心你做事太衝動，又不成熟，不知道你手上的案子到底能不能達成？」

接下來，你的情緒開始大受影響，除了吃驚、不解，還有莫名的委屈，覺得自己被人背後議論，遭人指指點點。你失去了原本的平靜，對自己身處在一個不真誠的環境裡充滿了憤怒。周圍這些人，竟然覺得你似乎做不到這件事，等著看你出錯、出洋相，這簡直就是奇恥大辱。

原本，在一天工作的開始，你心情頗佳，也準備好接受工作的挑戰，卻在他人的煽風點火，或看似打小報告的舉動中，讓自己的心像是被打破洞的船身，進了水而沉船，早就忘記自己原本要進行的目標及規劃好的航道。

你的心情，因著一個突如其來的干擾被打亂了，再也無法專心安定地工作，那份預計進行的計畫，對你而言更是滯礙難行。

這就是沒有好好守護自己的內在空間，任由自己的情緒被別人的舉動牽著走。也許，別人是帶著聽八卦、看好戲的心態，想看看你會有什麼反應，結果你真的反應不小。

也許，別人就是無顧於你的感受，恣意地打擾你，侵犯你的界線，結果你真的護全不了自己的心，真的任其踐踏。

如果，你維護不了自己內在的安全領土，就無法確保自己心理的安全基地，不受任何戰火波及。

一個不斷處於戰火中的人，總是十萬火急地因應周遭發射過來的砲火，他又怎麼可能有力氣建造好自己的護城河，和發展城內的建設呢？他只能在砲火連連中，苟延殘喘地應付敵軍，用僅剩不多的戰力，勉強不要棄械投降。但你的自尊呢？在別人隨性干擾、任意評論的斷定中，早已受到嚴重破壞，讓你對自己的支持和信心，幾乎蕩然無存。

改變自己與外人互動的方式

想維持自己的自尊水平，就要充分地認知自己是獨立完整的個體的事實。這是每個人在任何情況下，都不能隨意被剝奪及漠視的。

倘若，一個人的思想能輕易地就被駭入、洗腦，讓情緒被任意操縱及擺佈，那麼這個人勢必無法安心度日，時常會對於外界「不知又會傳來什麼訊息，又會發生什麼風波？」而提心吊膽。

若你有意好好維護自尊水平，請花些心思及關注，重新檢視自己的人際關係。

當你過往處於低自尊的自我狀態時，就很容易招來或投入那些會操控、支配你的關係，自身也容易受人際關係左右及侵害。如果你想要改變目前的自尊狀態，提升你的自尊水平，那麼就需要用心覺察、重新檢視過去那些讓你無緣無故就處於低落、沮喪及挫敗狀態的關係中，有什麼共通的問題？並且試著讓自己發展出新型態的關係，才能讓過往的互動模式不再重現。

你可以選擇疏遠或離開那些總是看低你、毫不留情就貶抑你的人，你實在不需要讓人牽著鼻子走，讓自己一直以為必須追逐某某人的認同及肯定，自己才算得上有能力、夠資格。這種任人對待自己的方式，就像你接受了「吆喝別人一起來圍攻、霸凌自己」的事實，這會導致你不停地漠視及傷害自己，讓情緒始終受人操弄，對自己的觀感一蹶不振。

若無法離開或是疏遠這段關係，那麼就讓自己嘗試改變互動的方式。

如果，你以前總像應聲蟲似地順應附和，現在就改為保持沉默或少言。如果你以前急著對人討饒或討好，現在就開始學著，先讓自己冷靜下來，多些觀察後，再想想如何以不傷人傷己的方式給出回應。

在與人溝通前，盡量先確認自己的想法和情感狀態，並且想好如何表達。當一個人越不理解自己，對自己的所思所想越沒有原則和定見，也不知道如何表達時，往往最容易被操控及被支配。因為人們會以為他沒想法、沒立場，因此拚命地將自己的觀點和感受塞給他，要他毫不猶豫地吞下。

對自己的原則及價值觀立場越清楚、越堅定的人，才能即時地和人交流、對話，再透過表達和回應，與對方進行溝通、詢問及協調。這樣的人，即使在彼此沒有共識、無法完全交流的情況下，也不致受人任意擺佈及操縱。

這世界存在著善良，也存在邪惡

那些總是一廂情願地抱持天真及單純信念，要自己相信天下盡是好人，而忽略真實世界同樣存在著殘酷和詭詐的人，就很容易接收別人的表面訊息。並且，會以這些收到的訊息去表現、反應，而未察覺他人行為背後的動機，因此容易受到他人言行的設計。

如果，你一直無條件信任別人，以天真浪漫的眼光看待世界，事實上卻不斷地經歷被外界操控下的欺騙和背叛，怎麼可能維護好自尊呢？你必然會因為欺騙和操弄的發生，在震驚之餘，對自己面對外界的待人處事能力存疑，越來越不信任別人，也越來越否定自己，並且始終不明白自己為什麼總是知人、知面不知心？

「你自認是什麼樣的人」和「你實際是什麼樣的人」，兩者之間存在的懸殊越大，越不一致，你的自尊水平下降的速度就會越劇烈。只有在我們希望自己是怎樣的一個人，和真實呈現出的自己比較一致、靠近時，我們對自己的信任和接受度，才能維持平穩。

當你越能清楚地認知自己，對自己的認識越持平、完整、不偏頗，才能在眾聲喧譁的言論中，以及他人和你之間的各種應對中，仍保有自我的清醒及安在。不論別人是高捧你，還是貶抑你，認為你善良還是邪惡，你都能回歸對自己的認識，不會迷失在別人的評價中，認不清自己。

你要試著了解，不論別人如何評價你，甚至擺出一副比你還了解你自己的姿態時，你都要回到相信自己是誰的立場上。別人的觀點和評價，是他從那個位置投射出的看法，並不代表就是真理。他有權利表達，但你也有不接受或不回應的權利。不是人家怎麼說你，評價你的為人，你就真的是那個樣子。最怕的，是你不認識自己，對自己陌生和疏離，總在別人的觀感中找自己，想藉此瞧瞧自己究竟是什麼模樣。這就會讓你不斷受到他人言語的干擾和侵犯，影響內在的情緒而難以平靜。

你不須為別人的情緒負責

若是你的情緒及思想的界線因外界的聲浪而模糊了，任由彼此相互干擾及侵入，那麼許多時候你所做的反應、選擇及決定，就不是來自你的自主，而是源於他人及外界的干擾及影響。即使你不那麼心甘情願，你也會糊裡糊塗地做了、答應了、給出去了，而留給自己萬分懊悔、忿忿不平和怨懟的情緒。

如果你長期處於混亂及糾結的情緒下，又怎麼可能維護好自己的完整獨立呢？你必然時常背負不是自己該負責的問題，也必然遭遇那些理不清楚、說不明白的情緒波及。

你可以試著練習，辨識出你的感受，與別人的感受的分別。**每個人都有表達情緒的權利，你不需要為別人的情緒負責，別人也不需要為你的情緒負責**。別人都有感受和抒發情緒的權利，就如你也有感受和抒發情緒的權利，但他不需要你來認同，你也不需要他的認同。

所以，別因為別人的委屈或哀怨，就覺得自己應該為對方出頭或主持公道；也別因為別人的憤怒和不平，就覺得自己應該去順應或滿足對方的期待；當然，更不必因別人的惺惺作態，你就必須配合順應。

當你處於失去冷靜的情況下，而別人又試圖以情感操縱你時，你就很容易疏忽許多客觀層面的線索，造成自己無法釐清、無法正確決策。

當你覺察到別人正試圖用情感操控你的所思所想、影響你的感受時，這時除了挺住自己的立場、守護好情緒界線之外，關於對方情緒上的反應你也需要進一步思量，例如：

「為什麼對方只是展現情緒感受，卻不實際行動，或面對處理問題？」

「對方透過宣洩情緒，是希望我做些什麼？還是希望我如何反應？」

「因為對方的情緒，對我造成哪些影響？我又因此產生了哪些看法？為什麼我會受到這些影響？」

「我的回應是我真心想做的嗎？還是在為他人的情緒負責，想要讓他人情緒平復，想要得到他人的滿意和重視呢？」

好好地辨識及反思自己的心理狀態及情感反應，才不會在一連串混沌不清的情緒壓力中，迷失了自己，做出令自己懊悔的衝動反應。

當然，最重要的還是維護好自己內在空間的完整（自我的領土），為自我建立清楚的原則和立場，才能在他人企圖以手段或言論操縱你的情緒時，清楚地辨認出自己的位置、底線，和自己的可為及不可為。

當你越能保有完整自我，越能為自我負責，他人的所作所為，能干擾及煽動你的層面，就會越來越少。當我們有能力守護好自尊的狀態和內在的領土，才能真實地感受到內心的寧靜與安穩。

給自己力量

信任別人，但也要設防

人際關係對於自我而言，是一種很複雜的動力。雖然我們都希望關係能為彼此帶來幸福、珍惜、愛護及相互支持，但絕對不是所有我們遇見的關係，都是如此。畢竟人和人之間，都存在著不少差異性和獨特性。

過於天真，失去現實感的自我中心者，很容易存有一種想法：「我相信我怎麼對待別人，別人就會怎麼對待我。我若對別人好，別人一定也會對我好！」

這種一廂情願的想法，常導致自己沒有真實地認識別人，也從來沒有真正把別人的想法當一回事，好好地去觀察及了解。以致，許多時候，關係裡的欺騙和操控就已悄悄上演，最後徒留驚慌失措的自己，和感到莫名其妙、難以言清的遭遇。

當我們想維護好自尊時，必然是對人有所戒備，卻不因為存有這份戒備，而完全推翻了原有的信任感。

在戒備和信任之間，我們要隨著事實的接觸和了解，拿捏自己的信任度和開放度。對人既不過於開放，也不過度封閉，雖謹慎卻不失對人的友善和尊重，這才能為自己在人際關係中，建立起不被輕易摧毀、踐踏的自尊。

Shift Thinking

當你越能清楚地認知自己，才能在眾聲喧譁中，保有自我的清醒及安在。

34 試著跟這個無法控制的世界相處

當你擁有寬大的胸懷，願意接受各種外在事物的發生，就能坦然地接受，自己難免也有無能為力的時候。

自尊偏低的人，往往害怕突如其來的打擊，害怕自己的無力面對，導致難堪、羞恥及沮喪的情況，令自己抬不起頭。所以，他們總想控制外界及別人，還有許多事物的小地方、小細節，這樣自己就不會遭遇突如其來的驚慌，而深陷在無助和沮喪中。

當內心越恐懼及不安，低自尊的人就越想把一切都控制住。但是，這世界豈能任由一個人隻手控制呢？於是，低自尊者只好把他自己的世界縮小、再縮小，縮小到只能控制一個人、控制一份職位、控制一段關係，或是控制一個既有的空間或地盤。

但他沒有注意到，為了做到自認的控制，他是如何地縮小了自己的觸及範圍，讓自己受限於一個小小的封閉世界裡。他因此騙了自己，以為自己已控制好一切，只要把自己生活周圍的那幾個人、那幾個生活重心，都管控著、監督好，那麼他的世界就不會發生突如其來「無法控制」的情況。

當我們帶著恐懼不安的心，想控制那圍繞自己生活的世界，和我們帶著希望、開放的心，去接觸及認識世界，是完全不同的生命狀態和情景。

心存恐懼不安面世的人，當小心監控、緊盯不放的世界突然發生改變、混亂，他就無法應變、難以招架。帶著希望和開放的心面世的人，本來的慾望和企圖就不在於掌控外界，而是想去感受和體會這世界要帶給他什麼樣的感受和觸動。這一切原本就充滿未知，而生命的未知就是需要我們用每個當下去體悟、去經驗的。

讓自己放心自在地體驗每個當下，是低自尊者從未經驗過的生命體驗，卻正是低自尊者要學習、歷練的。

當我們想學習讓自己安在當下時，首先，你需要調整一個觀念：接受這世界的宏大和浩瀚，體認這世界本就是超越你所能觸摸及所能理解的。所以，不要企圖去控制這個世界。事實上，你也無法控制這個世界或人生，你只是用全身的蠻力硬撐著，撐得自己疲憊又無力，還以為這就是掌控。

如果你能回到現實，了解到自己的渺小，也覺知到這個世界的遼闊，你就會明白「想控制世界」、「想控制一切」是一個荒謬的念頭。

真正可以控制的，只有自己的心性

你真正可以練習控制的，只有自己的心性、情意（一種心理狀態或情緒傾向）和行動。如果一個連自己的所思所想、行動都無法控制的人，卻企圖控制這個世界的變化，根本就是本末倒置。

這世界有著各種不同的種族、地區、語言及文化習性的人，即使有文化基底的共同影響，但一個人的內在與外在組成還是擁有許多差異。你或許可以控制得了最親近的一兩個人，卻無法控制更大的群體、更大的世界。正因如此，低自尊者才會常常以為控制好最親近的一兩個人（通常是伴侶或家人），就能得到掌握感，以此來抬高自己的自尊地位及自我感受。

如果你想和外界建立舒服的互動關係，就要試著放下對關係的控制慾。不要再以掌控對方之實，來麻痺自我，幻想自己在關係中是佔上風、較優越的。

你真正需要做的，是接受自己各種的反應和感覺，不要一味希望自己只能接受正面的感覺、勝利的感覺。你越是限定自己所能體驗的感覺類型，當那些自己不想要的感覺或反應（例如：失落、失望）在現實生活中發生時，你就會不可承受地抓狂或暴怒，不是怪罪別人的破壞及不配合，不然就是自責怎麼可以有失誤、覺得自己不可原諒，然後感到洩氣。

放下任何你想控制住別人或世界的企圖。當你越多這些企圖，越會在心裡頭編寫及計畫無限款劇本，把自己和別人的台詞，及該有的言行舉動都設定好，認為這樣才是對的、正確的，別人和世界就是該照著你的想法運作及轉動。如此之下，只要稍微有什麼超脫預期的言語和舉動發生了，你就驚慌失措到覺得人生一切的套路都亂了，不知道接下來自己該怎麼走下去，又該怎麼反應。

所以，請放下對世界和對他人的控制，這才是真正能保護你不會一直遭受打擊和驚嚇的方法。讓自己減少用想像的方式去控制和世界的互動，因為那種控制是一種設定，而非真實的互動。當你對外界、對人的設定少一點、期待少一點、想像少一點，就不會在滿滿的預設立場下，再承受一次次地失落和波動。

學習和這世界真實相處

你想學習和這世界真實相處，就要認真且用心地觀察，了解這世界的各種面貌、各種變化。這世界不是只有四季更替，還有那些共組這個世界的人們。每個人都擁有複雜的心理及人格狀態，有不同的思維和情感特徵，這都不是你透過單一主觀的角度，就能去完全理解及全然洞悉的。

想和這個不停變化及無常的世界相處，你就要歷練「以靜觀動」的處之泰然。在心理層面上，當你願意接受這世界的本質就是變和動，面對變和動時，你就會生出了然於心的接納和沉穩。

反之，當你越抗拒，越想否認這世界的變和動，總認為一切都可以在自己的掌控下永恆不變，自己不會歷經改變、別離、失去、落空，那麼，當你的世界有變動時，你就會驚恐萬分，陷入無望的害怕及無助中，不得安穩。

接受外在世界有其不可控的部分，接受他人本來就有自己的生命軌道，不全在自己的掌控中。讓所有變動依照著它的變化而自然發生，然後調整自己的內在，去適應及接受這些變動中的客觀事實。不必因未能察覺這些變動就貶抑自己、責備自己、怨恨自己，如此，才能在動亂中，還能穩住自我，不傷及內在的自尊。

明確地說，請不因為有一個人離開了你，你就貶抑自己，認為是自己不夠好，才留不住對方；請不要因為一個工作面試的機會沒有下文，你就將自己看成一文不值；請不要因為有人拒絕和你進一步地約會，就看輕自己的價值及魅力，認定自己一定是做錯事、說錯話，或是樣貌、打扮不討喜，才讓這樣的結局發生。

當外界發生超出預期的變化時，請你接住自己的心，別把自己的心推下幽暗的低谷。

雖然有時候你可能無法理解這一切，但還是要以尊重別人的想法及選擇來回應，這才是真正的尊重。

然後，了解自己真正的價值所在，或許不是對方所能看見的。對方的角度和眼光有他的立場和視角，這也不是你能完全配合的。接受彼此的差異存在，也接受各有各的觀點及角度。當你越能接受各種非預期地變動發生在生命中，就越不會藉此打擊自己、貶抑自己。

給自己力量

接受自己的限制，也是勇敢

人從出生後，就有想以一己之力控制外界的企圖。

我們想控制媽媽多愛我們一點兒，想讓爸爸多寵我們一點兒。接下來，我們想控制朋友多在乎我們一點兒、老師多誇獎我們一點兒。然後，我們學著控制自己的大小計畫、目標，讓自己擁有更多的「掌控感」。為了讓目標達成，讓結果成功，我們不斷花盡心思來掌控更多的細節、步驟，以確保想看見的結果實現。

正因為這樣的心理制約，讓我們以為只要自己控制的方式對了，這世界就沒有什麼自己辦不到的，沒有什麼自己得不了的；卻忽略這種控制，是因為我們還未接觸到更大的世界、更陌生的領域，根本還不算是真正地認識世界，真正地了解這世界有多大。

當我們跨進更寬廣的世界之中，或接觸到非舒適圈的陌生領域時，才有機會看見自己的渺小，也體會到自己的脆弱和限制。但這些看見和體會，不是為了擊潰我們的自信，或挫敗我們的心智，而是讓我們提升對自己的包容度和接納度，接受各種落差和非預期地存在，也不以個人狹隘地理解，企圖否認這世界發生的所有真實。

不是唯有讓自己硬撐，能拚命掌控一切的人，才是強者；接受自己的限制，以及這個世界也有不如預期地存在，更是一種強大和勇敢。

當你擁有寬大的胸懷，接受各種人事物的發生都有其際遇和脈絡時，你才能坦然地接受，自己也有無能為力的時候。當你不再以「能不能掌控一切」，來論斷自己的能力和價值時，才不會因為世界、人生的各種變動而沮喪跌落。

隨遇而安，隨機應變，是擁有穩定高自尊的人對於自我的涵納，及對這世界的尊重。當我們內在安穩無懼，無論外界發生什麼變動，我們都不會因此失去對自我存在價值的確立與信任，並能安心地和這世界共處。

Shift Thinking

接受這世界的宏大和浩瀚，體認這世界本就是超越自己所能理解的。

35 安撫及改寫負面信念

如果我們想重建情感的正面經驗，就需要用同理來回應自己的內在經歷。

自尊偏低的人，在修復自尊的歷程中，遇到最困難的部分，莫過於難以篩掉或刪除那些刻印在大腦中的負面信念。

那些負面信念大多是我們幼年、在自己沒有客觀能力時的主觀知覺下形成的。即使我們後來長大了，在了解客觀事實之後，也無法輕易平復及抹去那些刻印在內心深處的「認定信念」。

伴我們成長的心理「刻印」

有一個孩子，他從兩三歲起，就開始聽得懂一些簡單的詞彙，能了解語意。這歲數，也是每個孩子開始儲存認知記憶的年齡。當時，這個孩子隱約記得他被媽媽修理得很慘，還被推出門外，讓他在昏暗的樓梯間待了好久。雖然忘記到底是因為什麼事件，媽媽才會這麼生氣，但讓他印象深刻的是，媽媽對他發狂般地咆哮：「我不要你這個孩子了，講不聽，那麼壞，你出去！」在這樣的聲音記憶和影像記憶下，讓他內心始終有個無法消除的念頭：「我不乖，媽媽就會丟掉我」。

這個念頭，時常在內心深處折磨著他。當他覺得自己表現不好，或是和別人有意見上的衝突，內心就會不安地冒出幼年的記憶畫面：他被趕出家門，被別人極度厭惡和驅離。這時，他會覺得自己好可惡、好討厭，才會遭遇這些對待，但同時又覺得好無助、好害怕。那種自己要被丟掉、被推出去的感覺，讓他覺得心好痛，也覺得自己好脆弱。

即使，長大後的他，已經了解到：因幼年的自己好動調皮，爸爸又遠在外縣市工作，媽媽在工作和照顧他的雙重壓力下，確實時常情緒失控，失去理智地對他咆哮怒罵。就算這樣，媽媽也從來沒有讓他餓過一餐，或真的讓他露宿街頭。總是等到媽媽罵完了、發洩完了，他就可以進屋去，有時候還因此得到媽媽特別的補償，可以吃到點心，或獲得一些玩具。

奇怪的是，理智上，他可以理解媽媽獨自照顧孩子的辛苦和壓力，也了解自己從未真的被丟掉過，但心中對於別人的關係卻常莫名地擔心恐懼，也常會冒出「他會不會不要我？」的念頭。特別是，當他覺得「只要自己不被別人喜歡了，不被接受和贊同時，就會遭受別人的排斥、拋棄和冷漠切割」。而這些感覺和認知上的反應，總是難以克服及終止，在下一次與別人的衝突時，又再度冒了出來。

當出現這種情感和理智無法同步、也無法為個人帶來一致的反應時，我們就能知道他的理智和情感狀態，目前的差距有多遠。

理智上，他已經有能力透過客觀角度了解幼年時的處境，和母親這個客體的遭遇和狀態。雖然母親真的說了不少狠話，但事實上，那是母親教訓及教養他的方法，卻不是實際上真的要拋棄他。

但是在情感上，他的情感關係中所需要的安全感，被母親的言行嚇到了，造成情感創傷，破壞了兩人原需建立的安全依戀關係，以致這一段重要的情感連結裂解了。在那當下，他也沒有受到立即地安撫及澄清說明，使得他來不及去修復對人的信任感，也造成日後自己與別人建立安全、可靠、穩定關係的障礙。

在情感上，他總是害怕再一次遭受驚嚇，他也試圖預防哪一天若真的被拋棄、被排斥時，該怎麼辦才好。不想再經歷這種情感創傷的他，以為長大的自己，應該不會再被任何人的背棄所傷害，卻沒想到長大後的自己反而更深陷其中，面對無法抑制的恐慌及無助時，他不知道自己該怎麼辦。

在低自尊者心中，可能都有為數不少的記憶畫面，是關於負面的關係經驗，特別是在弱小而無助的童年時發生的。

當那些引發自己諸多痛苦情緒的負面經歷發生時，因為缺乏大人立即地關懷、說明及安撫，讓自己許多的痛苦情緒就被凝結在那個時空裡，讓那個情感上遭遇到斷裂和背離的時刻被凍結了。這是一個亟需從安全穩定的關係中，獲得關懷及安穩連結的小孩，最可怕及無助的遭遇。

這些被時光凍結、無法流動的痛苦情感，就像一塊寒冰，讓我們的身心冰寒刺骨，痛楚難耐。由於自己身心的所有能量都凝結在那一刻，讓我們無法感知到任何溫暖的存在，也無法相信有任何正面的經驗有機會降臨在自己身上。在自己無力扭轉命運的情況下，對於過往那一連串負面的經驗、遭遇，只好深信是自己不幸的命定，是自己逃不掉的際遇。

所以，被困在過往痛苦情緒的低自尊者，沒有能力給予自己溫暖的關懷及撫慰，也無法讓情感經驗可以再流動，及重新體驗。

擁抱受創的內在小孩

如果想讓情感能夠重新累積及創造新的正面經驗、感受，我們就需要練習同理來回應自己的內在經歷。在痛苦情緒冒出時，有能力安撫及回應自己所經驗到的各種情緒，透過允許情緒發生及關注情緒的歷程，讓痛苦的情緒得到慰藉而有所沉澱，再以溫暖的詞語與內在受到驚嚇及創傷的小孩（那些童年創傷時空下的自己）對話，耐心地給予當時的自己無條件地正向支持，例如：

「放心，我和你在一起。」

「我接納你的存在。」

「我愛你，原原本本的你」

「沒事了，我會照顧你。」

「你是安全的。」

「我不會丟下你。」

這些溫暖與正向的支持語句，都是過往那些痛苦經驗下，最需要的安撫及關懷，以讓幼時的我們知道，自己不會被任意地丟掉、被莫名地排除。在關係中，我們都是被重視及被關懷的，我們是可以安心、安全地存在的。

但過往的那些時空中，我們沒有獲得這些安全和愛的保證，也沒有被實際地陪伴，所以只能任由內心的痛苦不停地吞噬自己的安全感，使我們處於惶惶不安地驚恐中，無法克服這份痛苦情緒的糾纏和騷動。

如果，現實的我們擁有一段重要的關係，可讓我們重建對人我的信任及安全感，這樣的經驗會加快內在的修復，提升自尊的程度，但前提是我們真的信任而且接受這段情感關係。

若還沒有這樣的交往關係，我們也可以開始重建和自己內在的關係，不要再重複往日那些讓自己受創的方式和語句，重新改寫能讓我們內心不失溫、維持好常溫的正面支持語句，與自己開始對話，撫慰自己。當內在空間的鳥語花香，春風煦煦，我們的自尊就能恆定，不致於再瞬間驟降失溫，讓生命無法前進。

給自己力量

以正向支持的態度和語句，安撫自己

越是曾經歷痛苦及無情的遭遇，越需要我們溫暖和細心地呵護。就像身體受到極大的創傷後，需要對身體傷口的細心照料和給予復原所需的照護，不能粗暴及含糊行事。心理上的痛苦亦然，我們要對自己更有耐心及細心關照。

很多人以為只要我們長大了，過往的事件過去了，就對自己沒影響了，絲毫不知內在心理仍會儲存那些情感的創傷和悲痛。也許情節被淡忘了，但情緒機制卻不受記憶的影響，仍會猛烈、迅速地發生，特別是我們遇到近似往日創傷的情境時。

當我們未能覺察自己的這種情緒為何爆裂式地出現時，就只能任由情緒發生再消退，卻對這樣的情感轟炸無能為力。但若我們開始意識到，這些痛苦情緒的引發，都是來自缺乏關懷的內在小孩，未能獲得安撫及照顧的心理傷口，就能喚起我們的關注、覺知，以及給予內在修復的機會。

所以，請不要再對往日那些痛苦情緒不理不睬，只是任由它出現、席捲你的內心，又再度離開。讓我們開始以正向的支持（態度及語句須兼備），給予自己安撫，建立起安全感，不再以過往的負面信念恐嚇及威脅自己，如此才能重建你內在的狀態，真正修復你與自我的關係。

Shift Thinking

我們都是值得被重視及被關懷的，也是可以安心、安全存在的。

36 駁斥負面標籤，學會認同自己

就算別人批評自己，那也不代表世界上所有認識你的人，都會這樣看待你。

想修復自尊，我們要學著建立「駁斥」的能力，需要被「駁斥」的，是那些使我們受到制約的過往負面認知。

「駁斥」是一種質疑的力量，表示我們不接受那未經思考篩選，就要自己順應接受的觀點及想法。

當有人毫不留情地說你：「不會做人，做人失敗」，你不必再像以前一樣，覺得別人說你是哪種人，你就是哪種人。你要賦予自己「駁斥」的權利，除非你選擇接受或同意，否則沒有人可以用位階或權威，要求你接受他所說的話。

因為沒有人是完人，就算一個年紀再長、再德高望重、再受人敬仰的人，也可能有做事不妥、說話不妥的可能。所以，別總是覺得只要你信服的、崇拜的、敬畏的那些人說你是什麼，你就是什麼。就算他們給你負評，那也「只是」他個人的觀點及看法，不代表世界上所有認識你的人，都會這樣看待你、評價你。別因為少數人的觀點，就認為是全部人的觀點。

有時候，我們之所以會毫不考慮就接受外界的負面評價，是因為我們心中早就這樣看待自己、認定自己。所以當別人這樣評論自己時，我們的心就墜落到谷底，覺得被別人看出來了：「沒錯，我就是那麼差的人」。

其實你只是拿別人的負評和觀點，來佐證內心早就不喜歡自己、否定自己的想法罷了。說到底，真正否定及看低你的人，不是外面的那些別人，而是你自己。

我們當然可以了解，在一個充滿優劣歧視、追求優越成功的社會環境裡，人們幾乎都活在外界的評價中。所以，我們從小孩子的時候，就不斷地被打分數，直到長大，仍要經歷許多考核。原本，這些評鑑方式，應該是讓我們認識自己、了解自己能力的一種方式及方法，進而了解自己可以再怎麼改進、怎麼進步。可是，因為人性裡好鬥好勝的性格使然，我們並沒有將那些評鑑的回饋，運用在激勵及引導自己的學習方面，反而把能量耗費在比個人輸贏，較量誰才是萬中選一的天之驕子。

即使到了現在的社會，仍有許多人，包括父母、長輩，都淪陷在讓孩子追求「第一名」的迷思裡，甚至科科都要求第一名（這真是非常誇大的想像），才能證明自己的孩子是如此地優秀卓越。但他們從來不關懷孩子受挫時的感受，以及教導孩子因應挫折的重要，也未引導孩子認識自己的的優勢和劣勢，單以「是否第一」來決定孩子生命的價值和能力。好像那些在「第一名」之外的孩子，都應被鄙視和忽視，好像那些孩子都不夠努力，不值一提。

我們所處的環境中，有多少人如果沒得到那唯一「第一名」的掌聲和矚目，就覺得自己一無是處，甚至活著也沒有什麼價值？在這環境中，又有多少人只用外界的頭銜、排名、評量結果，來認定一個人值不值得被高度重視？而不是真正地看見及肯定每個人身上的獨特價值，及專屬他的才華能力。

倘若，這是你從小到大所經歷的一切，自己總是被一堆分數、一堆排名來決定你的價值，那麼在無意識之中，你多少會被反覆制約，也習慣以各種評鑑和排名，來論斷自己的價值和重要性。因此，你會非常習慣地接受權威者、父母、師長對你的看法和評價，並以他們的視角，認定自己是什麼樣的一個人。

如果他們曾說：若你不是那個最優秀的「第一名」，就算是第二名、第五名、第十名都不算有能力、有價值，你也會深信不疑。一旦日後的人生中，自己不是最優秀的員工、丈夫或妻子，就覺得自己真的是失敗透頂。

然而，我們若想活出一個不同的自己、一個不同的人生，最需要採取的方式，就是推翻過往的舊習慣、舊思維。就像我們身處的朝代，世道若是迂腐、霸道，無法讓老百姓追求更好的生活，就會開始出現革命及推翻的行動，改朝換代。

重新建構，更新心理系統

在自尊修復的層面上，我們也需要進行心理的改革、自我意識的革命。在推翻過往那些積習已久的舊思維、舊模式時，除了需要覺醒，也要對那些被貼在自己身上的標籤，進行有意識地「駁斥」。

這並不是說，你必須要和別人爭辯或以此力爭。重要的不是你和別人的互動，而是你對自己內在的互動。面對內在的認知和情感系統，你要非常有意識地提醒自己，不要再陷入過往的自動化模式——對外界無異議地順從、無自我意志地臣服。

你要重新建構、更新你的心理系統，試著去翻動過往那些非常習慣地認定，尤其是「當別人說應該要怎麼做，你就認為應該要怎麼做」的習性。

你可以這麼開始試著練習「駁斥」，來鬆動那總以別人的觀點看待自己的舊模式，給予自己一些自我評價的空間。

例如：當別人說你失敗、一無是處時，你可以在內心以對自己的支持進行「駁斥」：我有其它的價值，不像你說的一無是處，難道一件事的失敗，就能代表我一無是處嗎？

或是，當別人對著你說：「你好笨，連這麼小的事也不知道怎麼處理」，你在內心可以試著「駁斥」：這個小事不會處理，就代表我很笨嗎？我懂的其它層面，難道你都一定懂，一定會嗎？

我們於內在進行「駁斥」時，要注意，不是為了反駁而反駁，而是為了更客觀地看待自己的價值。因為價值不是單一的標準，而是多元的存在，每個人身上都擁有各種不同的價值。即使一件事做不好，或不會某項技能，也不能因此全面否定一個人的價值。

另外，在進行駁斥時，你可能會感到不太舒服，畢竟，為了推翻那些長年以來的舊思維，就像是播種時翻土、鬆土的過程，總是要費力。但請相信自己，這只是為了要播下新種子的初始階段，我們不會一直處在這個階段。

若在重新建構、更新你的心理系統時，少了「駁斥」這個過程，被那僵化固著的習慣、反應佔滿的心，就挪不出空間，來放進新的思維及新的觀點。那些你聽慣的否定及負面評價，就失去了得到一個新的平反、新的調整的機會。

所以，請開始練習質疑、駁斥別人對你斬釘截鐵地品頭論足，和惡意地全面否定，你絕對不是別人用幾句話就能定義的一個人，也不是他們自以為可以任意評價的生命。

給自己力量

開始增強自我意識

當你開始在內心使用「駁斥」的練習時，你可能會有點不安、會懷疑這麼做，是不是自己就是叛逆、不聽話，不是一個好人、好孩子了。如果你有了這些擔憂的反應，是很正常的，畢竟在過往成長的過程，你已太習慣順應和服從，以為這樣才能獲得別人的肯定和稱讚。

但我想讓你了解的是，對內在舊有自我的「駁斥」，不是為了叛逆而叛逆，或為了破壞而破壞，這個過程是讓你開始練習增強自我意識，願意讓自己擁有判斷能力：**「我不再是別人怎麼說，我就怎麼做的人。我會開始透過自己的判斷，來形成對一件事的觀點，包括對我自己的認識。」**

當你擁有自己的判斷能力了，也願意從「駁斥」開始，練習陪伴自己思索探究，那麼他人任意灌輸及影響你的情形，就會逐日減少，你才有機會從外界的評論中活出自己。

Shift Thinking

當你開始練習增強自我意識，擁有自己的判斷能力，他人任意影響你的情形，就會逐日減少。

37 辨識對自己真正「有用的訊息」

當我們容易聽到自己被否定的訊息時，表示其它的重點可能都沒有聽到。

自尊偏低的人，或自尊不穩定的人，都有一個常見的現象：很容易接收外界的訊息，並且幾乎沒有篩選、沒有選擇地這麼做。

無論是明示或暗示的訊息，低自尊或自尊不穩定的人，都很容易收進心裡，所以才會影響自尊的穩定度。尤其這些被收入心裡的訊息，大都偏向對自己毫無益處的「負面訊息」。

請關注一下自己是否有這個情況：由於自尊不穩定的人對「負面訊息」極度敏感，因此只要他聽起來像是否定、懷疑、貶抑自己的訊息，都會被大量擷取下來，但真正對事情的進展或解決問題有幫助的訊息，卻會被他們忽視，視為不重要。

所以，如果你是低自尊傾向或自尊不穩定的人，要在擷取外界訊息時，練習辨識對你真正有幫助的訊息：能真正讓你產生行動力、解決問題的能力，以及改善情況的有益訊息，究竟是什麼？

安穩的自尊，能幫我們達成目標

我時常有督導心理諮商領域的專業實習生，或指導課程學員的機會。雖然，我已盡可能以正向語句肯定，以及客觀引導的方式，進行教學過程，但有時候，剛學習的學生尚未洞悉要點，也未能充分領會精髓，難免需要我明確給出訊息，以聚焦討論如何進行改善或調整。

假設我對學生這麼說：**「面對那個情況的處理，你可能少了換位思考，沒有充分地進入對方的角度，以對方可能的觀點及感受，來理解他所做出的行為或反應。太快地想要解決你所認為的問題，但那問題恐怕不是對方所認為的，也不是對方的需求。」**

自尊偏低的學生內在所擷取到的訊息，會像這樣：「**你少了換位思考，沒有充分地進入對方的角度，太快地想要解決你所認為的問題。**」

因為低自尊者只會聽到他認為被否定、被視為錯誤的訊息，其它的重點，及問題所形成的原因，他都沒有聽到。在這樣的時候，他的內心會立即引發大量的焦慮不安、沮喪或罪惡，不然就是因為自尊受到打擊、挫折，而開始忿忿不平、冤屈地為自己辯解。所以，對問題的進一步討論及探討，或是深入地自我分析及理解，都變得不太可能。因為他感覺受到打擊或批評，而覺得自己是不安全的，所以不是想反擊就是想逃避，也就無法好好專心學習或討論歷程了。

而自尊穩定的人，因為不會輕易讓訊息抨擊自己的存在價值，也不會輕易地讓外界訊息影響他對自己的看法及觀感，因此，較能聚焦在了解客觀事實，及問題所形成的客觀因素，並再加以辨識、了解及探討，好好深入問題核心，思考改善或調整的可行策略。自尊穩定者內在所擷取到的訊息，會像這樣：「**面對那個情況的處理，少了換位思考，沒有充分地進入對方的角度，以對方可能的觀點及感受，來理解他所做出的行為或反應。太快地想要解決問題，但那問題恐怕不是對方他所認為的，也不是對方的需求。**」

因為不會一下子就陷落在自我批評及自我譴責之中，能抽出「我」在事件之外，因此自尊穩定者能安定內在的自我，並進一步了解讓問題或情況迎刃而解的作法或解決方案。他們善於發問討教，也能從說明及回覆裡，辨識出幫助自己提升能力的有益訊息，而不會耗費能量在向外辯解，或向內攻擊自己。

這就是身為低自尊者和高自尊的人、自尊不穩定和自尊穩定的人之間，最大的差異。

不穩定的低自尊者，總離不開對自己的關注，很難把能量、注意力放在事情及問題本身，他們習慣於別人對他的看法和評價裡糾結，總難以堅持對目標達成所需的專注力。

而擁有穩定高自尊的人，對自我價值的肯定，使得內心平穩而實在，以及對自己的能力和學習力具有自信。所以，對他們來說，處理事情的技術都是可以學習的，解決問題的方法也可以提升，不會因為事情一時地不順利，或是存在著阻礙及失敗的可能，就評價自己是沒有價值、沒有能力的。

面對阻礙或失敗，對穩定高自尊的人來說，都不是屈辱，而是事情還沒有獲得成功的一個事實而已。自己真正要做的不是自怨自艾、自我否定，而是好好地檢討事情的各項環節，改良還不純熟的技術，和造成失誤的原因。為了改良結果，為了真正把失敗原因解決，那麼獲取有益的訊息對自己而言就顯得十分重要了。若自己連對了解問題本身都無法盡量客觀，對失敗因素都無法持平而論，又怎麼繼續改善、繼續修正及實驗呢？

想想，若是孫中山先生是一個不穩定的低自尊者，那麼在推翻滿清的第一次革命失敗時，他就會難以面對自己的失敗，不斷地苛責及羞辱自己，甚至必須透過對物質上癮（例如：酒精）來轉移注意力，隔離自己的內在混亂，擺脫自己失敗的罪惡感及自我怪罪，那麼他就不可能再有第二次的革命、第三次的革命……直到第十一次的革命成功了。

想達成一項艱鉅的任務或目標，本來就非一蹴即成，往往都須歷經漫長及耗費心力的過程，即使很努力、很辛苦，也無法保證一定就成功。但若沒有穩定的自尊成為我們的內在基礎，怎能持續地、堅毅地繼續前行，直到完成目標呢？

別害怕任何的失敗或錯誤。只要你懂得辨識下一步前進的方向，從環境資源中獲取有用的訊息，並懂得刪減無益的訊息。那麼省下來的力氣，就能好好放在自我建設、自我栽培上，而不是耗損在自我折磨及白費力氣地自我防衛之中。

給自己力量

先認識自己的需要

想獲取「有用訊息」，需要你的辨識力，如果你不懂什麼訊息對自己是有用的，就無法擷取出來。

就像是如果今天要你在一堆食物及食品當中，辨認出你所需要的營養食物是什麼，你知道哪些食物具有自己所需的營養嗎？

在獲取對你有用的訊息前，你需要先認識自己的需要。例如，你缺乏什麼，想要達成什麼，想獲得的目標是什麼？這些能幫助你在獲得一堆訊息時，至少能先分辨：「這是我需要的」，以及「這是我不需要的」。如果一時之間無法清楚辨識出來的需求，就先暫放在第三區：「我還沒決定是否需要」。

當我們在整理、收納物品時，也是如此，需要先辨識什麼是自己真正需要的，什麼是必須割捨的。

不懂得如何取捨東西，就如同我們無法取捨訊息，就會讓空間被諸多東西塞滿，而且容易留下許多我們根本不需要的東西。

要知道，你的空間是有限的，不論物理空間或心理空間。就因為有限，更需要為自己留下真正需要、真正重要的事物。如果你想朝著穩定高自尊的人格前進，就要相信自己值得留住重要的、有益的資源或訊息，讓你的生命邁向更好的品質，實現你想要的生活。

Shift Thinking

在接受外界訊息時，請先辨識：能真正讓你產生行動力、解決問題的能力，以及改善情況的有益訊息，是什麼？

38 練習勇敢肯定自己，並如實傳達

「自我肯定」，不是盡說自己好話，而是清楚了解、表達自己真正的感受或需求。

自尊偏低的人，有一個共通現象，無法實實在在地肯定自己。他們覺得肯定自己的行為很可笑，令人羞恥，而且他們也害怕被別人攻擊為自以為是、自我膨脹，所以一直難以肯定自我。再加上，低自尊者很難收下別人對他的肯定，於是在內外夾攻之下，想讓低自尊者獲得自我肯定，真是難上加難。

我們要了解到一個事實，「自我肯定」不是盡說自己好話、不停往自己臉上貼金、說自己好棒棒的行為，而是清楚了解、表達自己真正的想法、希望、感受或是需求。

如果我們能肯定地表達出自己的內心狀態，就能尊重別人也有他自己的想法、希望、感受或各種需求可以如實表達。

表面稱是，背後拒絕

自我肯定的行為，包括能為自己爭取權益、反駁自己覺得不對的評價、回應內在所想的願望和需求……等等。

對低自尊的人來說，要他表達自己內在方面的各種想法、感受、願望或需求，他都會擔心自己被拒絕或斥責，以致必須迂迴，或是偽裝、討好、攻擊、壓抑自己。他在關係中會處於一種不真誠的狀態，並以前後不一致的態度表現出來，例如，表面上說「好」、「都可以」來配合別人，背地裡卻很憤怒或感覺委屈。

當低自尊者一直否定自己的真實感覺及意願，難以肯定地表達出內在的想法和感受時，他的內心就會產生更多的委屈、不滿和失衡。因此，低自尊者很難自我調節內心混亂痛苦的情緒。他們忽略這是自己選擇配合、不願真實說出自己的需求或想法後的結果，反而有種自己是被迫的、不得不的受害感。

認同自己，才能建立自己的觀點

如果低自尊者可以開始練習勇敢地自我肯定，練習表達出自己的看法、想法、願望、感受及需求，認知到自己擁有自我表達及自我回應的權利，也有拒絕及不贊同的權利，他們才能開始賦予別人同樣的自主權利，再也不用壓抑及隱藏自己，也不用偽裝及順應。

在生活中、關係中，練習對自我的肯定，會提升我們的高自尊。我們因此能充分地認同自己，有自己的觀點、感受和想法，也有自己的需求和意願。這都是身為一個「人」該有的權利，不能任意被剝奪及壓制。

我們可以關心及傾聽別人，但不需要做到失去自我；我們可以認同及理解別人，但不需要因此漠視自己。在人與人的關係上，沒有人會因為誰的存在，另外一個人就不值得存在、不值得被傾聽或理解。

如果我們能肯定自己的存在，且肯定自我純然的本質，那麼無須任何外在的理由條件，就足以安穩內在的自我。因為，無論外在的評價是誇讚或是批評，都是針對當下情境與事件使然。不再依靠外界的肯定，也是讓自己不再無時無刻「引火上身」，讓那些外在的事物，侵擾自己的安全感和對於自己的認同。

在練習自我肯定時，我們還要避免自己長久以來太過站在別人的位置、過度採用別人的視角來評論事情，並且加以附和與贊同的習慣。在別人說完他的想法後，我們總是很容易對別人說：「是，沒錯」、「我了解你說的」、「你說的是」，卻往往失去對自我想法和觀點的探討，也奪去了自己應有的感受和體驗的機會。

當我們在肯定自我或別人時，不要落入只許接受一方觀點或感受存在的迷思。一旦落入這種迷思的人，只要覺得別人的想法和自己不同，就會想要控制對方，直到和自己想法相同；不然就是放棄自己的立場，要自己跟隨別人的觀點或感受。

例如，有人告訴你，他對一件事的看法和評論，你可以試著去理解他的觀點背後的原因脈絡，但你不用把他的觀點當作自己的，你仍然可以保有自己的觀點。當你想表達自己的觀點時，不需以和對方爭辯真理的態度去表達，也不用推翻或否定對方，只要說：「我了解你的想法，理解你的感受是＿＿＿＿＿，而我聽後及思考後的想法及感受是＿＿＿＿＿＿＿。」

在這樣的表達下，確立彼此的想法都是重要的，各自的個體性都沒有被剝奪或被漠視，每個人都在可以擁有表達自己想法和感受的權利下，真正交流。

當我們學會肯定自我的觀點，就表示不再否定自我個體性的存在，也不再忽視自己的獨特，才能更加展現出、表達出真實的我，讓自我不再是一個消音、殘破、沒有生命氣息的布偶。

給自己力量

練習自我肯定的造句

每日試著「肯定自我」的表達練習，以此開頭造句，清楚表達出屬於「我」的想法和感受，以加深自我的內涵及輪廓：

我喜歡：

我不喜歡：

我了解：

我不了解：

我的失誤是：

我的成功是：

我的優勢是：

我不擅長的是：

我的感受：

我的想法：

我同意：

我不同意：

我可以：

我不可以：

我要：

我不要：

除了「肯定自我」的表達練習，在「提升自尊」練習方面，請每日給自己三個喜歡或欣賞自己的回饋：

1. 我喜歡或欣賞今天的自己：
2. 我喜歡或欣賞今天的自己：
3. 我喜歡或欣賞今天的自己：

透過每日的自我肯定及正面欣賞，不論你是對著自己說，或每日書寫記錄下來，都能累積對自己的正向感受。從這樣的過程中，你可以提升對自己的正向評價，也加深對自己的正向情感。

Shift Thinking

你可以試著理解別人觀點背後的原因脈絡，但不用把他的觀點當作自己的。

39 以愛為本，找到與自己舒適的相處經驗

無論我們曾經歷何種遭遇，都要如實接納它的存在，那是成為「完整的我」的重要歷程。

自尊偏低的人和外界的他人很難自在相處，這根本的問題在於：他們很難和自己舒適安穩地相處。

因為低自尊者不喜愛自己，時常看低及貶抑自己，也時不時地羞辱和否定自己的所言所行，如此把自己視為一個討厭的人、想消滅的敵人，又怎麼可能和自己好好同在、好好相處呢？

可想而知，低自尊者都不太喜歡面對真實的自己，更不用說什麼與自己安穩同在，與自我真心對話了。他們想逃離自己、隔絕自己、擺脫自己都來不及了，還如

何與自己建立親近、安心的關係呢？

但我們和自己的關係，絕對會影響內在的自尊的狀態。如果我們每天都恨不得踢自己一腳，終日不忘數落及苛責自己，還老挖自己瘡疤，覺得自己惡劣、差勁，一直這樣對待自己，和自己的關係是不可能變好的。雖然我們心中很想要被誰愛、喜歡，來挽救討厭自己的感覺，但因為太不喜愛自己了，心中也不會相信有人會真正地喜愛自己。

所以，若低自尊者想改變和外界他人的互動關係，希望自己不會感到被討厭、排斥、看低，就要先改變對自己的態度和評價。一直複製負面的關係經驗來對付自己，不斷回饋負面評價給自己，只會使我們和自己的關係充滿了衝突、對立和矛盾。

喜歡自己和愛自己的區別

只要一說到「喜愛自己」，就有許多人哀聲四起，向我反應這件事真的太難做到。到底怎樣才是愛自己？為什麼我無法發自內心地愛自己？

喜愛自己，可分成：喜歡自己和愛自己，兩種不同程度地自我悅納。這兩者都屬於正向情感，都含有喜悅愉快的感受。但喜歡，較具價值條件的判斷。因為須符合一些價值的條件，才會產生喜歡的感覺，例如：「我的聲音很好聽，所以我喜歡自己的聲音」，這樣的喜歡是建構在價值條件下的。

但愛不同，愛具有無條件的部分，當愛存在時，即使並非全部都是自己喜歡的價值條件，但因為愛的存在，而產生了包容和接納的正向情感。例如：「我愛我的孩子，雖然他有時候會做出讓我很頭痛的事，照顧他也很辛苦，但我對他的愛是不會改變的」。

愛的容納度比喜歡的感覺更加厚實而無條件。

因此，在提升自尊的過程，我們需要以愛為本，包容及接納真實自我的存在——**不論我擁有什麼長相特質、長處短處，我都能對自己誠實以對，練習接受自己的所有部分，無論那對主流價值和觀感來說，究竟是好是壞，我都不會改變對自己的愛。**

如何成為自己最親密的朋友？

你可以練習成為自己最安心、最親密、最信任的對象。但在練習前，請你先思索當別人以什麼樣的方式和態度對待你時，能讓你感到安心、親密及信任？當你能明確定義出來，就知道究竟要如何對待自己，才能成為自己最親密的朋友。

假設，你認為所謂「安心」的關係中，對方不會老是對你嘮叨，盡說一些災難化的負面想像來恐嚇你、威脅你，那麼你就開始練習不要這麼對自己。

當你手邊的案子出現不如預期的結果，或遇到別人打擊你時，請停止再恐嚇及威脅自己：「我完蛋了、我死定了」，而是試著給予自己安心感，告訴自己：「沒關係，雖然事情不順利，也不代表是我不好。我們可以慢慢了解發生了什麼事，然後慢慢看怎麼處理」，透過語句和沉穩的呼吸，安撫自己沉澱下來、靜下心來，不再去無意識地抨擊和謾罵自己，令自己的焦慮感不停上升。

如果我們覺得安穩地和自己同在、相處，是內在的重要力量，也是一件可貴的事，那麼，就要有意識地刻意練習，不要輕易地讓自己慌張不安，任由焦慮綁架。

我們時常說，愛是一切的力量，也是生命中最偉大的力量。以愛為本的人，在面對生命、維護生命及保護生命時，都是義無反顧的。有愛的人，會為所愛的人去設想，如何讓對方平安健康地成長、安心地生活。有愛的人，是不可能三天兩頭找所愛的人麻煩，甚至不斷地破壞所愛的人生命安全及生活穩定。若我們無法讓所愛的人過著平靜安穩的日子，那這樣的以愛之名，實則行使的是傷害和欺騙，而不是出於真愛。

當我們和對方建立愛的關係，擁有穩定的情感連結、安全感和接納感，如此在關係裡，才能安心做自己，也才能相信自己的價值。**自己，是關係裡不可忽視的部分；一旦沒有「我」的真實存在，就沒有「我們」的這段真實關係。**

如果你明白，若沒有愛的包容及接納，自己就難以完整地存在，那麼，請試著相信愛的力量，試著對自己包容和接納。無論你曾經歷什麼樣的情感、經驗及遭遇，都如實接納它的存在，那是你成為「完整的我」的一部分，也是形成「獨一無二的我」的重要歷程。

給自己力量

練習「全心」接納自己

喜愛自己，可以從簡單地喜歡自己開始，做一個「我喜歡自己的哪個部分？」的清單。雖然我們不擅長的部分，或所認為的缺點、限制仍舊存在，但也不會抵銷我們所喜歡的那個部分。當我們喜歡自己的部分越明確而穩定，那麼自尊也會明顯提升，因為喜歡自己的感覺，是一種很有能量且正向的情感。

接著，可以開始多多練習「接納自己」。無論是什麼樣的自己，我們都要全心接納，都要試著認識及了解，或者即使還不能了解自己的某些部分，也要允許這部分自己的存在。不要去抵抗、不要去興起消滅某些部分的念頭，也不要急著擺脫。當人心一急就心不定，一旦心不定就易生焦慮；焦慮浮現後，我們就很難如實地和自己連結，很難擁有內在的安穩。

在接納自己的練習中，當心裡浮現我們不喜歡的樣貌或感受時，試著告訴自己：「我可以擁有這些感覺，可以覺察這些感受，可以覺得難過或憤怒，也可以覺得無力或混亂」。

不用總要自己過得妥妥當當、生活要有秩序，也不用非要自己表現出什麼聰明優秀、菁英卓越的模樣，當你設下越多的限制和「應該」的框架，就越活得衝突和掙扎。

好好地與自己相處，肯定自己是一個值得好好被愛及被善待的人。以舒適自在的態度，與自己面對面。當你接納自己的部分越多，能認可的面向越多，你的內在就越安穩、越平和，任何風吹草動，都無法輕易地干擾你的自在，也不能剝奪你真實自我存在的權利。

Shift Thinking

無論我的特質對於主流價值而言，究竟是好是壞，我都不會改變對自己的愛。

40 讓成功更發揮效能，讓失敗不損傷人生

人生中最重要的，不是那一次次的競爭或目標，到底是成功還是失敗？
而是誰能不放棄自己，始終保持對自己的相信。

低自尊者容易以一次性的結果來斷定自我價值，並忽略過程的心得及收穫。如果你想讓自己內心充實，並且提升自我價值感，最好的方法之一，就是去感受自己的「獲得」。

過往，你會習慣地以結果如何，來做為努力後的報償，因此，格外看重結果。若結果是你想要的，才有那麼一時片刻的自我滿意及驕傲，能給予自己些許肯定。若結果不如預期，不是你想要的，你就完全否定自己曾付出過的努力、用盡心力的過程，覺得自己敗者為寇，無法抬起頭來。

只要我們把看重的焦點，稍微移動一點角度，你就能和過去有所不同，不再患得患失，不再因為害怕那些非預期的結果，而推翻自己所有的付出。

那就是看重歷程的心得，而不是以結果輕率的定義自己。當你轉換一點角度，轉移到你用心付出的過程，並好好凝視自己用盡心思的地方，或是同理過程中難以承受的時刻，即使這次失敗了，你在當中的歷練和學習，依舊是真實的。

在你生命中發生的所有情境，都能為自己帶來前所未有的經驗和體會，也能開展你的視野和腳步，讓自己進入更新的領域。今天的失敗，都可能帶來明天的意外機緣，引領你到想像不到的世界去。

人生中最重要的，不是那一次次的競爭或目標，到底是成功還是失敗？而是在成功有時、失敗有時的人生際遇裡，誰能不放棄自己，保持對自己的相信。不放棄相信自己的人，不論是成功或失敗，都不改對自己的肯定，知道無論結果如何，若沒有這個重要的自己，這些嘗試或磨練的機會，都將不存在。

所以，自己才是我們實現任何可能的主體。就算這一次的結果沒有成功，只要自己依舊存在，就能繼續累積實力和經驗，並從中獲取心得。那麼每一次不同的經驗，都會默默地成為自我成長的養分和創造未來的基礎。只要我們能將所歷練過的機會，分析後化作專屬自己的心得，累積成自己的洞見和新的能力，那麼自我內在的配備都會持續升級中、擴充中。

成功不是偶然，失敗不全是你的責任

目標能達成、任務能成功，自然最能給予我們正向肯定的來源，我並不否定成功對人生的重要。成功的累積，能讓我們對自己的能力有信心，相信自己能做到自己想做的，這無疑是最能提升自尊的來源。但在期望成功到來的同時，我們也需要學習調節失敗的挫折，不因一次的失敗，就完全自我放棄，徹底氣餒。

在這人生的各種挑戰及競賽裡，我們追求成功，但也不懼怕失敗。讓成功成為增強自我肯定的力量，讓失敗成為自我再精進、再提升的教導或提醒。想做到這樣的程度，我們需要運用一種內在的運作，讓成功更發揮效能，讓失敗不損傷我們。

這樣的內在運作，是來自正向心理學的研究與理論基礎。透過增進自我幸福感的思路，能幫助我們保持對自己的正向情感，並能調節負向情緒。我們可以將以下引導的思路特別運用在你成功時，讓累積下的正向成就經驗，不會稍縱即逝。還可運用在你失敗時，如何不損及自尊，不會產生過度影響你健康的有害情緒。

當你達到成功時：

請把成功的因素歸咎於你的自我特質或能力上。也就是說，肯定成功的發生，來自於自身的優勢或長處。那麼，當成功發生時，你會知道是自身具有的部分發揮了效能，而不是偶然發生的幸運之事。這是別人無法消滅及破壞的體認，不是不可掌握的過眼雲煙。

當你遭遇失敗時：

請把失敗歸咎於外部的客觀原因（非你個人），是可變的（非永久）、具體的（限於特定情況）原因而造成的。也就是說，失敗的原因來自於：一、外因（因環境或其他人的條件不符合），二、以後可能不會再次發生的偶然因素，三、某些不會影響自己其他方面成功的特定因素。

因此，成功是我身上的能力及優勢締造的；失敗是外在的偶發單次事件，或不符合達成目標的所需條件造成的，下一次再來就是一個全新的機會，也是一個獨特的過程。

這樣的思路，可以讓失敗發生時，不單一歸咎於自己，視自己就是造成失敗的主因，而徹底否定了自己。但成功時，肯定自己身上的優勢、特質及才能讓成功實現了，並相信自己可以再創造下一次的成功經驗，因此增強了對自己的自信。

讓正向經驗，為自己帶來更多的正向回饋，讓負面經驗，歸因於客觀因素及偶發事件，那麼，失敗就能成為可以被好好檢視、討論及理性分析的客觀問題，而不是讓非理性的焦慮綁架自己，又開始慣性地對自己批評，凌駕於理性思維之上，使內在情緒混亂，更無法面對事實。

過去那些讓自己感到快溺斃、產生窒息感的慣性思考模式，大多是失去理性和冷靜，也缺乏對自我的正向情感的非理性思考。透過正向心理學的建議，我們可以訓練自己擁有新的思路模式，以理性地、正向地自我支持，以及就事論事的態度，平和地面對成功和失敗都會在人生中出現的事實。

當你覺得自己快要擱淺了，又要再一次被自我挫敗滅頂時，只要有那麼一次，你選擇勇敢地站起身來。只要站起來，你會赫然發現，那看似會淹沒自己的焦慮和恐懼感，其實根本只是一時擱淺。

只要你願意，不放棄走向下一步，那麼下一步，就會繼續帶你走出新的路來。

給自己力量

透過歷練，獲知自己的優點

經過研究發現，如果我們對自己懷有正向情感，可以抵銷負面情緒對心血管的影響。當人們緊張時，會出現高心率（心臟跳動的頻率過快）、高血糖、抑制免疫功能，以及引發其它病症。如果在我們緊張過後，負面情緒未經調節，就會導致病痛、冠心病，和更高的死亡率。

要發展對自我的正向情感，就是能肯定自己的個性、力量和美德，透過生活的歷練，獲知自己身上所存在的優點和長處，這些優點和長處包括以下幾類：

智慧與知識的美德：創意、好奇、開明、愛學習、智慧。

勇氣的美德：英勇、堅毅、誠實、活力。

人道的美德：愛、善良、人際交往能力。

正義的美德：公益、公平、領導能力。

修養的美德：寬恕、憐憫、謙虛、謹慎、自我控制。

心靈超越的美德：審美、優秀、感恩、希望、幽默、靈性。

當你越能肯定自我的優點和美德時，你對自己的感受和情感，也能投入更多的尊重、接納、滿足、喜悅和包容。

即使人生並非事事都盡如人意，也非一帆風順，但你有了對自己的正向情感，即便遇到逆境和挫敗，產生一時的灰心和沮喪，你都可透過「對自己建立正向情感」的練習，擁抱不完美的自己，接納那些低落和不順遂的經歷。

對自己懷有正向情感的我們，即使人生偶有低潮，也不會因此否定自己仍有追求幸福、成功的希望。人生想要的幸福和成功，值得我們靠努力去實現，因此，我們才能承受住人生過程的各種艱辛和坎坷，永遠不放棄懷抱希望。

Shift Thinking

當快被挫敗感滅頂時，只要我們挺身一站，就會發現那淹沒自己的焦慮，只是一時擱淺。

總結 對自己安心了，就能在關係裡自由自在

在自尊和自卑議題的研究中，我們總能發現人際之間許多微妙的角力，存在於各種關係中。不論是什麼關係，都可能出現有人因為自尊的低落和自卑心作祟下，背地裡道人長短，有意無意地嘲笑別人的弱處或不堪，藉此提高自己的心理地位，縮短自己和別人之間的距離。

有些人特別會對有名聲或受人尊敬喜歡的對象，時不時進行挑釁、冷嘲熱諷、譏笑輕蔑，來顯示自己的優越或地位不差，以此說服自己才是比對方好，比對方有地位、優越的人。

自尊穩定的人，會專注於好好做自己，用心建立自己的成就，也樂於看見別人做他自己，擁有他自己的成就。但是，低自尊的人，一看見別人的好（富、有）就渾身不自在，好像照映到自己的不堪和缺乏，為了掩飾和防衛

自尊低落的難受，就會破壞對方名聲或被人肯定的地方，來顯示自己才是比對方地位更上一層的人。

若你遭受過他人對你進行人身攻擊的負評（特別是輕蔑和貶抑），或進行許多背地裡的指指點點，你可以了解到兩件事：

1. **對方是低自尊者，害怕自己比不上你、會輸給你，而必須散播對你的破壞和負評。甚至，對你直接進行言語貶抑和羞辱的言詞。**
2. **事實上，你擁有了對方渴望擁有、卻擁有不了的才能或某方面成就。他害怕承認自己「沒有」，也害怕看見你「有」，更顯出他的失落和缺乏，以致他竭盡所能地想拉你下來，踢你一腳。**

當你發覺有人想射箭中傷你時，你只需要繼續專注地做自己的本分和事情，關於那人的不安和低落，還是交給他自己去克服及面對。畢竟，那是他需要調適的內在失衡及衝突，跟你究竟怎樣是無關的。你也不必因此怪罪自己，怎麼讓別人難過或不悅了，責備自己很不應該。貶低自己換來的友誼或任何關係，都是不健康的。誇大自己、抬高自己，來控制或壓制關係，也一樣是不健康的。這樣的關係，可能會因為一時的各取所需，而勉強形成，但日子久了，還是會走到山窮水盡，分道揚鑣。

忽視自尊狀態的人，會在無意識中讓自己的低自尊傾向去摧毀關係和自我，卻可能毫無覺察。不關心自身的自尊狀態的人，也會把自尊的建立和修復視為空泛無聊的事，然而，它卻是一個人能否邁向安穩及幸福的重要底蘊。人有安穩的自尊，才能安心地成為自己。而安心的自己，才能在關係裡自在。

即使短時間內我們不知道自己會成為什麼樣的一個人，但接受「自己就是自己」，才能安心在生命中成長，靜待一切的發生。就像孩子誕生、會翻身、會爬、會走、會跑跳，生命的成長和成熟，都有適當的時程。而我們需要做的，就是好好照顧、關懷、餵養，給予自己安心成長的機會和空間，不催逼、不延宕，不破懷生命該成長的每一個契機。

當你願意把自己視為「最重要的一個人」時，需要的就是這樣的態度，不焦慮、不急切，只要安穩地陪伴自己及等待。因為對自己生命價值的肯定及確信，就沒有任何原因或因素，可以否定你的存在價值。

任何人的誕生，都不是以完美及全能的型態來到，相反地，我們是以完全對世界的無知來到這世界。每一天的成長，透過我們的身體、心理寫下親自體驗人生的記錄。這些體驗再交會而成我們的情感和思維路線，形成我們的人格性情，也長成獨特的一個我。

若是你用心回看，更能深深體悟生命存在的大不易，眼見一路上出現的各種關卡及挑戰，你怎能不讚嘆任何一個生命的存在，都是奇蹟。

我們不只在創造自己存在的奇蹟，也在共同建構這世界轉變的奇蹟。雖然不能具體言說你的存在，對人類世界的哪一部分具有貢獻，但是你每天的存在，都因此影響了某個人、某件事，讓世界的推動，持續地進行、持續地發展。

你從來就不需要是完美的，才有資格存在。就像是天空飛的一隻小鳥、路旁生出的一朵小花，或是一棵在森林裡的大樹，即使那些既有的存在不曾引人注目，或獲得任何掌聲，都不能抹滅他存在的事實。

存在，既不是取代，也不是模仿，而是安心成為你自己。你只需要成為真實的你，完成你的一生，就是你此生最重要的價值和意義。好好地成為你自己，這只有你做得到。

別再把自己困在競爭和較量的競技場裡，日日焦慮徬徨、無助驚慌，恐慌自己的存活不安全，這是自我欺騙的假象。你若被焦慮不安的情緒綑綁，無論你今天身在什麼樣的生活處境，活在什麼樣關係裡，你都只會感受到焦慮不安。問題不在於到底你跟誰在一起才對，也不是你應該活在什麼環境才正確，而是你與自己之間無法形成有意義的關係，無法對自我的存在確實地肯定，這樣的狀態，讓你不論身處在什麼環境和關係裡，都一樣會感到卑微、辛酸、孤單和悲傷。

請做自己此生的安全堡壘，成為自己生活得力的助手，在你的內在國度裡，為你想要的安居樂業，做一位內外政皆賢能的明君。你想要的自我實現，請相信自己有資格去爭取、擁有和建立。不要再說自己不夠好，不要再看低自己，不要再讓自己困逝在低自尊的流沙中，任憑低自尊耗竭你的生命力。

只要你願意，即使昨日的你是低自尊者，明日的你，都能成為穩定的高自尊者，成就屬於自己的生命價值，踏實安穩地享受生活、感受人與人關係的幸福。

只要你願意。

國家圖書館出版品預行編目資料

找回愛與尊重的自尊課 / 蘇絢慧作 . -- 臺北市 :
三采文化 , 2019.05
面 ; 公分 . -- (Mind map ; 184)
ISBN 978-957-658-145-8(平裝)

1. 自尊 2. 人格心理學

173.75 108003943

suncolor 三采文化集團

Mind Map 184

找回愛與尊重的自尊課

擁有安穩的自尊，安心成為自己，在關係裡自由自在

作者｜ 蘇絢慧
副總編輯｜ 鄭微宣 責任編輯｜ 劉汝雯
美術主編｜ 藍秀婷 封面設計｜ 池婉珊 內頁排版｜新鑫電腦排版工作室
行銷經理｜ 張育珊 行銷企劃｜ 呂佳玲

發行人｜ 張輝明 總編輯｜ 曾雅青 發行所｜ 三采文化股份有限公司
地址｜ 台北市內湖區瑞光路 513 巷 33 號 8 樓
傳訊｜ TEL:8797-1234 FAX:8797-1688 網址｜ www.suncolor.com.tw
郵政劃撥｜ 帳號：14319060 戶名：三采文化股份有限公司
初版發行｜ 2019 年 5 月 3 日 定價｜ NT$320
6 刷｜ 2022 年 7 月 20 日